学習塾のつくり方

普通の小学生が「早慶ＧＭＡＲＣＨ」に合格する

ぱる出版

はじめに

●「早慶付属中学校の合格率〝76％〟」の進学塾の作り方、教えます

「未来ある子どもたちの〝力〟になれるビジネスを始めたい」
「塾の経営に興味がある。教育業界未経験だけど、自分にもできるかな？」

あなたは、もしかしたら、このような想いを胸に抱えつつ、本書をお手に取ってくださったのかもしれませんね。本書を通じて、こうしてあなたに出会えたことを、心から嬉しく思います。このご縁に感謝申し上げます。ありがとうございます。

私は、首都圏を中心に展開する中学受験塾「早慶《そうけい》ゼロワン」の代表を務める野田英夫《のだひでお》と申します。

この塾の名前を「初めて聞いた」という方もいらっしゃることと思います。中学受験

塾といえば首都圏においては「サピックス（ＳＡＰＩＸ）」「日能研」「四谷大塚」「早稲田アカデミー」などが有名であり、それ以外の中学受験塾は、ほとんど知られていないからです。

そもそも、早慶ゼロワンを開校したのが２０２０年ですので、知らない方がいらっしゃるのも、当然のことだと思います。しかし、おかげさまで「早慶ゼロワン」を始めとするＭＩＲＡＩＮＯ教育グループの進学塾は「信じられない」「驚異的だ」とお褒めの言葉をいただくほどの合格実績を上げております。

【合格実績・合格率】

●2023年度の合格実績（偏差値・倍率）一部抜粋

慶應義塾普通部（73・3.3倍）／慶應義塾中等部（74／77・9.0倍）／早稲田大学高等学院中等部（73・3.9倍）／早稲田大学系属早稲田佐賀中学校（69・4.2倍）／学習院女子中等科（68・2.8～10.4倍）／青山学院中等部（70／74・7.0倍）／青山学院大学系属浦和ルーテル学院中学校（63／63・5.6～10.5倍）／明治大学付属中野中学校（67・5.5～8.4倍）／明治大学付属八王子中学校（64／65・4.1～13.2倍）／立教新座中学校（71・7.0～17.6倍）／立教池袋中学校（67～69・6.9～11.0倍）

立教女学院中学校（69・3.2倍）／香蘭女学校中等科（67〜70・4.1〜12.8倍）／中央大学付属中学校（68・4.8〜13.7）／中央大学付属横浜中学校（68／68・5.1〜12.3倍）／法政大学第二中学校（69／70・7.0〜11.9倍）／東邦大学付属東邦中学校（72／72・9.4〜24.6倍）／専修大学松戸中学校（66／66・15.6〜35.0倍）／国学院大学久我山中学校（68・3.8〜14.8倍）

●過去5年における「早稲田・慶應大学付属校」合格率：76%

●「GMARCH付属校」レベル合格者数：301名

●「GMARCH付属校」合格率：117%

●大学付属校合格率：171%

＊偏差値は、首都圏模試センター「2023年中学入試予想偏差値（合格率80%）に準拠しています

一番、皆さんに驚かれるのが「早稲田・慶應付属校への合格率＝76％」かもしれません（MIRAINO教育グループ全体のもの）。早慶ゼロワンに先駆けて開校した早慶中学受験専門塾「早慶ネクシア（旧・早慶維新塾）」も、大学付属校全体の合格率は「100％」で、GMARCH付属校レベルの合格者数は、のべ「301名」に達しています。こうした現状について、率直にお話しすると、

「大手進学塾の有名プロ講師の〝ヘッドハンティング〟に成功したの？」

などと聞かれることがあります。結論をいえば、そんなことはまったくありません。私たちの塾で先生を務めてくださっているのは、情熱と志をお持ちの大学生や主婦の皆さんです。求人をみて、我々の理念に共感し、応募してくださいました。実は、お子さんたちを「早慶GMARCH合格」へと導くために、〝ベテランプロ講師〟は、必ずしも必要ではありません。また一方で、

「集客に〝どんでもないお金〟をかけて、優秀な生徒を囲い込んでいるのでは？」

と聞かれることもあります。この点についても「そんなことはありません」と申し上げています。集客は、どんな塾も当たり前に行う「リスティング広告」（インターネット広告）や、「ポスティング」などの古典的な手法のみです。

どちらかといえば、合格したお子さんや親御さまによる「口コミ」によって、入塾者が集まっているのが現状です。ですから、集客に多大なる費用を投資しているわけではありません。それでも、毎年、数多くの子どもたちが、志望校入学への切符を手に入れています。

何より知っていただきたいのは、私たちの塾にいらっしゃる子どもたちの多くが〝どこにでもいるごく普通の子〟だということです。

早慶ゼロワンは、すべてのお子さんに門戸を開く個別指導塾です。そのため、入塾のための「選抜テスト」は基本的に実施していません。完全に「先着順」です。教室によって異なりますが、20名の定員に達したら、基本的に入塾をお断りさせていただいています。
また、他塾のように「学力別設定」も行っていません。そのため、受験の直前まで、どんなお子さんも、難関中学を始めとする志望校への合格を目指して、ひた走っています。思い入れのある習い事や、やり続けたい習い事を、途中で中断させるようなこともありません。こうした点は、他塾との大きな違いです。

正直なところ、最難関の開成や桜蔭などの「御三家」に合格するような、早熟なお子さんは、それほど多くありません。そういったお子さんは、大手塾にトラブルなく通われているからです。なかなか成績が上がらず、転塾を考えた末に、早慶ゼロワンを見つけてくださったケースが9割以上です。子どもらしく、まだまだあどけなさが残る〝ごく普通の小学生〟が大勢集まっています。

どこにでもいる〝ごく普通の小学生〟が、当たり前のように早慶GMARCHレベルの私立中学校に合格する ―― それが「早慶ゼロワン」という個別指導塾なのです。

「ごく普通の小学生でも早慶ＧＭＡＲＣＨレベルの私立中学校に合格できる塾」と聞くと、魔法のように感じられるかもしれません。**しかし「早慶ゼロワン」には、普通の小学生が難関中学に合格できる「戦略＋戦術」があります。**その「戦略＋戦術」を活用しているか否かが、合否を左右するのです。

この「戦略＋戦術」には、誰にでも実行可能な〝再現性〟があります。ですから、熟練のプロ講師は、必ずしも必要ではありません。また、「今まで、塾経営をした経験が一切ない」「教育業界の経験がない」といったことは、一切、関係ないのです。

「子どもたちと一緒に夢を追いかけてみたい」「子どもたちの幸せを叶えてあげられるような仕事をしたい」という想いさえあれば、どんな方でも、行列が絶えない個別指導塾を作ることができます。

本書は、ごく普通のお子さんが「早慶ＧＭＡＲＣＨ付属校」に合格できる個別指導塾を作り、塾オーナー、お子さん、親御さまを１００％幸せにする本です。

「塾経営は難しい、厳しいといわれているが、チャレンジしてみたい」という方に読んでいただけましたら嬉しいです。

本書では、私が大手進学塾の専任講師を務めてから、個別指導塾を独立開業してからの30年以上の間に編み出した「戦略＋戦術」を余すことなくお伝えします。それと同時に、利益率35％超えの進学塾を経営するうえで「押さえておきたいポイント」も解説します。

先に「早慶ゼロワン」で実践しているメソッドを、いくつかご紹介しておきましょう。

【業界の常識を“180度”ひっくり返す！非常識な「早慶ゼロワン」メソッド】

- 志望校は「御三家」を始めとする難関進学校ではなく「早慶GMARCH」などの大学付属校に絞る
- 「1：20の集団」「1：1の個別」ではなく、「先生：生徒＝1：3」で授業する
- 授業は生徒に教えるのではなく、「教えてもらう」
- 塾に来てくれた生徒の頑張りを「よく来てくれたね！」と承認する

- 難関中学合格の正攻法は「積み上げ式」ではなく「逆算式」である

- 「教えるのがうまいだけのプロ講師」でなく「使命感に燃えた熱いハートの大学生・主婦」を採用する

- 合格体験記は、志望校合格後ではなく「合格する前」に書いてもらう

- 子どもの「顕在能力」ではなく「潜在能力」を見る

- 生徒には中学校受験の「目標」ではなく「目的」を聞く

- 「難関中学合格＝親の頑張り次第」は“大きな誤り”である

*御三家は以下の中学校の総称です。
男子御三家：開成中学校・麻布中学校・武蔵中学校
女子御三家：桜蔭中学校・女子学院中学校・雙葉中学校

一見したところ、何だかよくわからないかもしれません。頭のなかがクエスチョンマークで一杯になった方もいることでしょう。

しかし、進学塾の常識を破るゼロワンメソッドのなかに「早慶付属校合格率76％」を実現する秘密が隠されています。

少しでも興味が湧いた方は、ここで浮かんだクエスチョンマークの「答え合わせ」をするような、ワクワク・ドキドキとした気持ちで読み進めてみてください。

●塾経営のやりがいは、どこにあるのか？

「親と子を100％幸せにする個別指導塾の作り方」。これが本書のテーマです。あなたがこの本をお手に取ってくださったということは、少なからず、塾経営に興味があってのことと思います。

そもそも、どんなきっかけで、あなたは塾経営に興味を持ちましたか？

「もともと、家庭教師をやっていた」という方がいれば「塾の先生たちにお世話になったから、今度は自分が恩返しのために塾を始めたい」、そんな方もいるでしょう。

いずれにせよ、教育関係のビジネスに興味を持たれている時点で、心のなかで温め続けてきた想いをお持ちの方が少なくないのだと思います。

私自身は、大手進学塾で15年間、教壇に立っていました。経営にも携わりました。そこでの経験は、私にとって〝かけがえのない財産〟です。しかし、その一方で「もっとこうしたら、子どもたちの力になれるのに……」と、歯がゆい想いを幾度となくしてきました。そうしたなかで、独立を決意し、個人経営の塾を立ち上げました。

伸び悩んでいた子どもたちが、メキメキとやる氣を発揮し、志望校合格を手に入れたとき、「この仕事をしていてよかった……」と、心が燃え上がります。これが、私の生きるうえでの〝モチベーション〟になっています。

塾経営の醍醐味は、子どもたちの「志望校合格」だけではありません。むしろ、それ以上に、心を強く揺さぶられる出来事が、数えきれないほど起きています。

私の塾に〝ようたくん〟という男の子がいました。〝ようたくん〟は、とても純粋で正義感の強い子でした。小学校の運動会で選手宣誓を行ったり、リーダーとしてクラスを取りまとめるほか、いじめられているお子さんを助けたりするような、いわゆるヒーローだったのです。

このように、頑張り屋さんの〝ようたくん〟でしたが、大手進学塾では、まったく力を発揮できていませんでした。難解な授業についていけず、クラスも下の方だったのです。

学校での〝ようたくん〟の英雄ぶりを知っている同級生は、塾の授業についていけない〝ようたくん〟を、おもしろおかしくチャカしました。心を傷つけるひどい暴言も、幾度となく吐かれたようです。

お母さんも、憔悴《しょうすい》しきっていました。5年生の終わり頃には「このままでは、不幸になる」「もう、人生おしまいだ」などといった発言が出てくるほどでした。そうしたなかで、〝ようたくん〟は、完全に自信を失っていました。うつろな表情で、彼の背中は小さく丸まっていました。

いてもたってもいられなくなった私は、〝ようたくん〟と二人っきりで面談をしました。そして、このようなことを伝えしました。

「〝ようたくん〟、君はまだ小学生だよね。11歳なんて、長い人生の道のりを、ほんの少し走り始めたばかりなんだよ。なのに、本当に、つらかったよね……。でもね、〝ようたくん〟は、学校で皆のために一生懸命、頑張っている。中学受験でいい成績を残すことなんかより、ずっと、ずっと、価値があることだよ。中学受験なんかで、思いつめちゃだめだよ。うまくいったって、いかなくたっていい。私は〝ようたくん〟の価値を認めている。ずっと応援しているからね」

私の一言を聞いた〝ようたくん〟は、嗚咽を漏らしながら、ボロボロと涙を流しました。しばらくして、気持ちが落ち着いたところで、〝ようたくん〟は、自らドアを開けました。そして、開口一番に「僕は、ここで頑張るから」と、お母さんに告げました。

その後、数ヵ月と経たないうちに、自信を取り戻し、成績はみるみるうちに上がり、見事「慶應義塾中等部」への合格を果たしました。

中学受験という競争の世界には、頑張っているのに、報われないお子さんが、数えきれないほどたくさんいらっしゃいます。そして、塾を経営していると、つらい想いを抱えて、今にも泣き出しそうなお子さんに出会うこともたくさんあります。

その一方で、塾という〝居場所〟が、子どもたちの心の支えになることがあります。子どもたちが、本来の自分らしさを取り戻し、目標に向かってひたむきに走れるようになったとき、私は本当に、嬉しい気持ちでいっぱいになります。

中学受験に成功しても、失敗しても、それは10歳ちょっとの子どもにとっては「一通過点」に過ぎません。合格以上に大切なことがあります。それは、**目的に向かってがむしゃらに机に向かい、最後までやり遂げた〝経験〟**です。中学受験を通じて得られた経験こそが、何物にも代えがたい、子どもたちにとっての〝一番の宝物〟になるのです。

子どもたちの成長をそばで見守り、ともに夢を追いかけられる——それが、個別指導塾で得られる〝最大の醍醐味〟だと、私は感じています。

本書が、あなたの背中をそっと押し、人生をより豊かにする1冊となりましたら、これ以上に嬉しいことはありません。

2023年9月吉日　野田英夫

＊本書に登場する生徒・先生のお名前は、個人情報保護の観点から、すべて「仮名」で表記しています。

はじめに

●「早慶付属中学校の合格率〝76％〟」の進学塾の作り方、教えます……2
●塾経営のやりがいは、どこにあるのか？……11

第1章：なぜ「中学受験塾」が最強ビジネスなのか？

◆少子化なのに、なぜ「塾経営」が熱いのか？……26
1.「子どもへの教育費」が爆増している……30
2.「学力は教育費と比例する」と考える親御さまが「62・7％」……31
3.親御さまの多くは「子どもの教育費」を聖域扱いしている……32
4.塾経営はコロナ禍の影響を受けない堅調ぶりを発揮している……34

◆教育系ビジネスならば「中学受験塾」がおすすめな理由……36
1. 中学受験の受験者数は年々、増え続けているから……37
2. 中学受験塾は「富裕層のお客様」を相手にしたビジネスだから……39
◆なぜ中学生向けの「補習塾」が「上級者向けビジネス」なのか？……43
1. 「顧客単価」がきわめて低い……45
2. 「塾講師の離職率」が高い……46
3. 「講師人件費率」が高い……46
4. 「子どもの退塾率」が高い……47
◆「大学付属校専門塾」は〝最強のビジネスモデル〟だった！……50
1. 大学付属校の入試問題は「学校の教科書を土台にした＋αの応用」であり、努力が報われやすいから……51
2. 「大学入学共通テスト」スタートで「大学付属校人気」が過熱しており、入塾希望者が集まりやすいから……63

3．高度に差別化されていて、競合との争いに巻き込まれないから……65
◆親世代の感覚のまま「大手進学塾」を選ぶ落とし穴……67
◆芦田愛菜さんが「慶應義塾中等部」に進学した理由……72

第2章：潜在能力を引き出し合格に導く「ゼロワンメソッド」

◆授業は「インプット：アウトプット＝3：7」がベストな理由……78
◆〝分かち合うことの大切さ・喜び〟を知った子どもたち……84
◆黄金の人数比率は「先生：生徒＝1：3」……87

◆子どもの「考える力」を養う「魔法の質問」とは？……90
◆2度の復習で理解度が倍になる！「ダブルリピート学習法」……96
◆塾オリジナルの「宿題管理表」で「宿題完了率100%」に！……99
◆なぜ「3本締め暗記法」で知識の定着率が2倍になるのか？……104
1．見る／書く／話す・聞く……105
2．3本締め暗記法……106
◆「入試は学校からのラブレター」だということ、知っていますか？……107
◆子どもの〝本氣度〟が150%になる！「未来合格体験記」……113
◆志望校の校門前で「笑顔いっぱいの自分」の写真を撮ろう……123

◆「目的」と「目標」の違い、理解していますか？……125
◆「自分の言葉」で想いを伝えることの大切さ……133
◆中学受験に欠かせない「自己肯定感」とは？……137
◆人生のチャンスは中学受験だけではない！……141
●合格体験記①：〝問題児だった〟と自認する〝そうまくん〟の場合……145
●合格体験記②：「中学受験撤退」まで考えた〝かずほくん〟の場合……147
●合格体験記③：理系科目が〝大の苦手〟だった〝はなさん〟の場合……150

第3章：「中学受験塾」成功のために押さえたいポイント

◆中学受験塾を構えるなら「大手進学塾の数」を見なさい……156

1．中学受験が盛んなエリアを選ぶ……157
2．「複数の大手進学塾が進出しているエリア」を狙う……158
3．近隣の駅に「大手進学塾」がひしめき合っている場所を選ぶのも手……159
◆差別化できれば「大通りの1階」じゃなくていい……161
◆「400万円～700万円程度の開業資金」で開塾できる……164
◆採用面接で「運がいいですか？」と聞く理由……170
◆親御さまとの「一言コミュニケーション」を大切に……173
◆塾経営で知っておきたい2つの「注意点」とは？……178
1．「収支だけ見ていればいい」というスタンスだと続かない可能性がある……179
2．（中小塾の場合）「塾の魅力」をわかりやすく説明する必要がある……181

◆なぜ「早慶ゼロワン」が選ばれているのか？……183
◆「早慶ゼロワン」フランチャイズオーナー様へのインタビュー……188

第4章：子ども一人ひとりの個性を大切にする時代

◆生徒の心に火を点ける先生が取り組んでいる「承認」とは？……202
◆挫折した子どもの成績がいきなり伸びた！……206
●コンビニのおにぎりを頬張りながら〝お母さんの存在〟に気づいた〝みのるくん〟……206
●今まで、誰にも打ち明けられなかった「夢」を叶えた〝ともこさん〟……210
◆必要なのは「出る杭」を伸ばす教育……214

●最後に一言ごあいさつ……219

出版プロデュース　株式会社天才工場　吉田浩
編集協力　潮凪洋介　成川さやか

第1章

なぜ「中学受験塾」が最強ビジネスなのか？

◆少子化なのに、なぜ「塾経営」が熱いのか？

「教育業界や塾経営に興味があるけれど、なんだか難しそう……」

あなたは、こんな気持ちを抱いているかもしれませんね。実際、インターネットで「塾経営」と検索すると「塾経営　失敗」「塾経営　難しい」などといったキーワードが出てきます。ネット記事も「儲からないからやめたほうがいい」といった意見であふれかえっています。

こうした実情に直面すると、夢が打ち砕かれるような気分になりますよね。さて、果たして「塾経営はやめた方がいい」という意見は正しいのでしょうか？

結論からいえば「50％正解で50％間違い」というのが、私の考えです。

世間で言われている通り、塾経営そのものは、決して簡単なものではありません。大手塾や中小零細塾などがひしめくレッドオーシャンのなかで「選ばれる1校」にならなければならないからです。あなたのご自宅の最寄り駅に、いくつの塾があるのか、数えてみてください。

小中高生を対象とした個別指導塾がひしめきあっているのは、ご存じの通りです。多いのは、中学生を対象に、学校の内申点対策を中心に行う個別指導塾です。部活帰りの中学生の自転車が並べてある個別指導塾がこれに該当します。皆さんも、これらの塾の看板を目にしたことがあるのではないでしょうか。競争の激しさについては、容易に想像できると思います。

その一方で、競合との差別化をきっちりと行い「他社には真似できない価値」を提供できる塾は、競争に巻き込まれずに済みます。必要最低限の広告宣伝でも、入塾希望者が殺到する人気塾を作ることができます。事実、早慶ゼロワンは、入塾者による口コミがきっかけとなった「指名買い」が50％以上です。そして、初回のカウンセリングで、70％～80％程度の方が、入塾を即決するのが現状です。

つまり、塾経営においては「競合のひしめくレッドオーシャンに飛び込むのか？

競合のいないブルーオーシャンに飛び込むのか？」によって、大きく命運が分かれるということです。その点は、ぜひ覚えておきましょう。

第1章では「なぜ、今、塾経営が熱いのか？」「なぜ、中学受験塾の経営がおすすめなのか？」「なぜ、早慶GMARCH付属校に専門特化した個別指導塾が強いのか？」について、ひも解きたいと思います。多くの方が「不安に思うだろう疑問」に対して、私の考えや分析結果をお伝えします。

一つ目に取り上げる疑問は「少子化

塾業界のポジショニングマップ
（中学受験・高校受験）

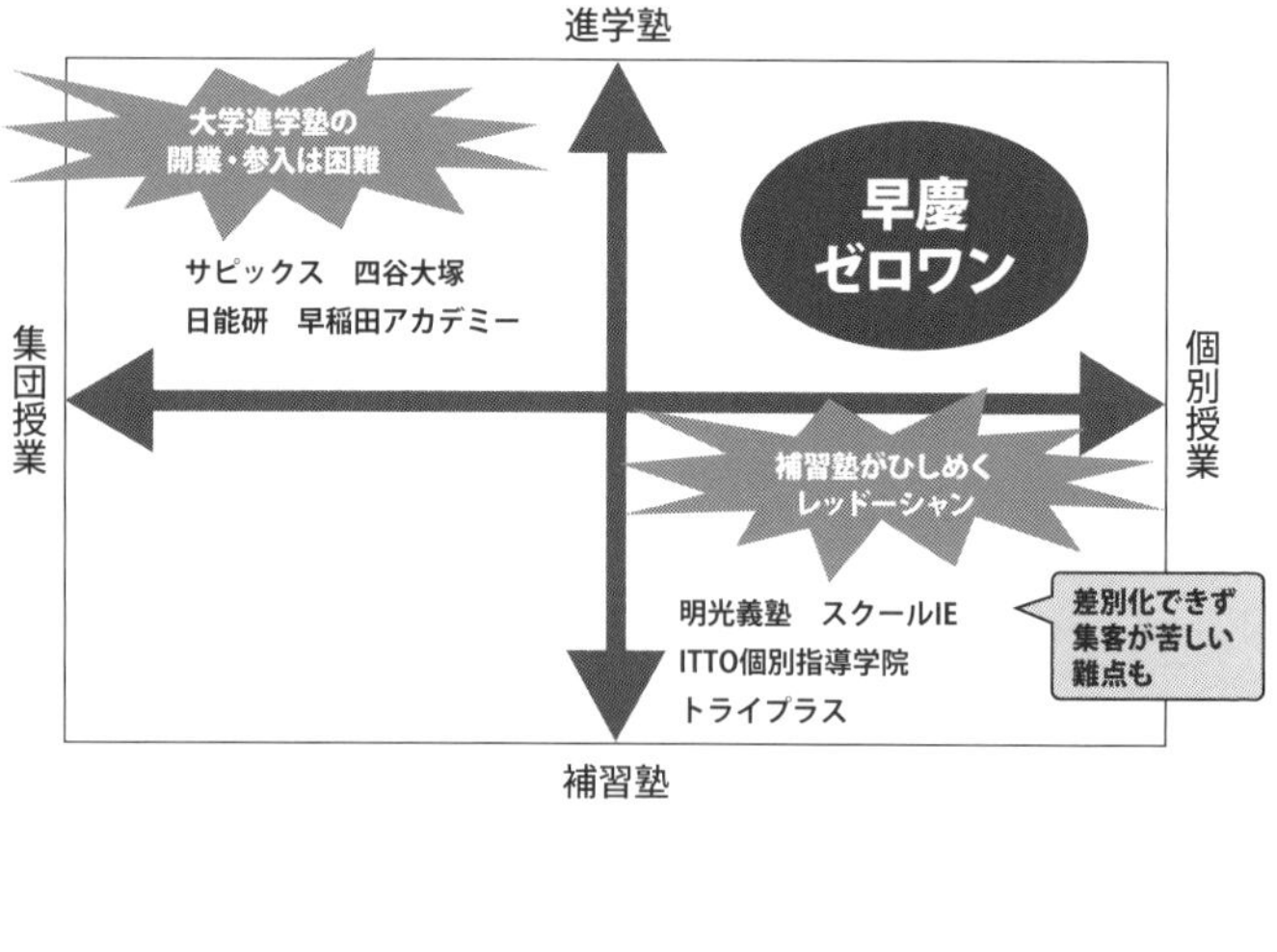

なのに、塾経営、うまくやっていけるの？」です。たしかに、昔に比べて、子どもの数は減っています。２０２０年における出生率は「１・33」。統計を開始して以来、史上最低水準をマークしています。子どもの母数が減れば、ターゲットのパイが減るため、経営が難しいのでは？　と考えるのは、至極当然といえます。

結論からいえば、少子化であろうと、塾経営そのものは、やり方さえ間違わなければ、非常に手堅く収益を生み出せる素晴らしいビジネスだと、私は考えています。

その主張を裏づける社会的な背景が４つあります。一つずつ、みていきましょう。

塾経営が手堅く収益を出せるビジネスである４つの理由

1．「子どもへの教育費」が爆増している

2．「学力は教育費と比例する」と考える親御さまが「62・7％」

3．親御さまの多くは「子どもの教育費」を聖域扱いしている

4．塾経営はコロナ禍の影響を受けない堅調ぶりを発揮している

1．「子どもへの教育費」が爆増している

先述の通り、現在は「少子化」が進行していますが、時を同じくして、生じている現象があります。それは**「共働き世帯の激増」**です。一言でいえば、お父さんだけでなく、お母さんもバリバリと働いて「ダブルインカム」で稼ぐパワーカップルが増えているのです。恐らく、この点については、ご存知の方も多いことでしょう。

1980年頃は、圧倒的に専業主婦が多かったですが、1995年〜2000年頃を境に、その数が逆転します。**そして、2022年には、専業主婦世帯が539万世帯**

である一方、共働き世帯は「１２６２万世帯」となりました。

この共働き世帯の増加と正比例して爆増しているのが「子ども一人当たりの年間教育費」です。グラフをご覧いただくとわかる通り、バブル期と比べて「約２倍」もの教育費を投資するのが現状です。

2.「学力は教育費と比例する」と考える親御さまが「62・7%」

２０２２年に行われた「子どもの教育資金に関する調査」も、たいへん興味深

共働き世帯・専業主婦世帯の推移（1980年～2022年）

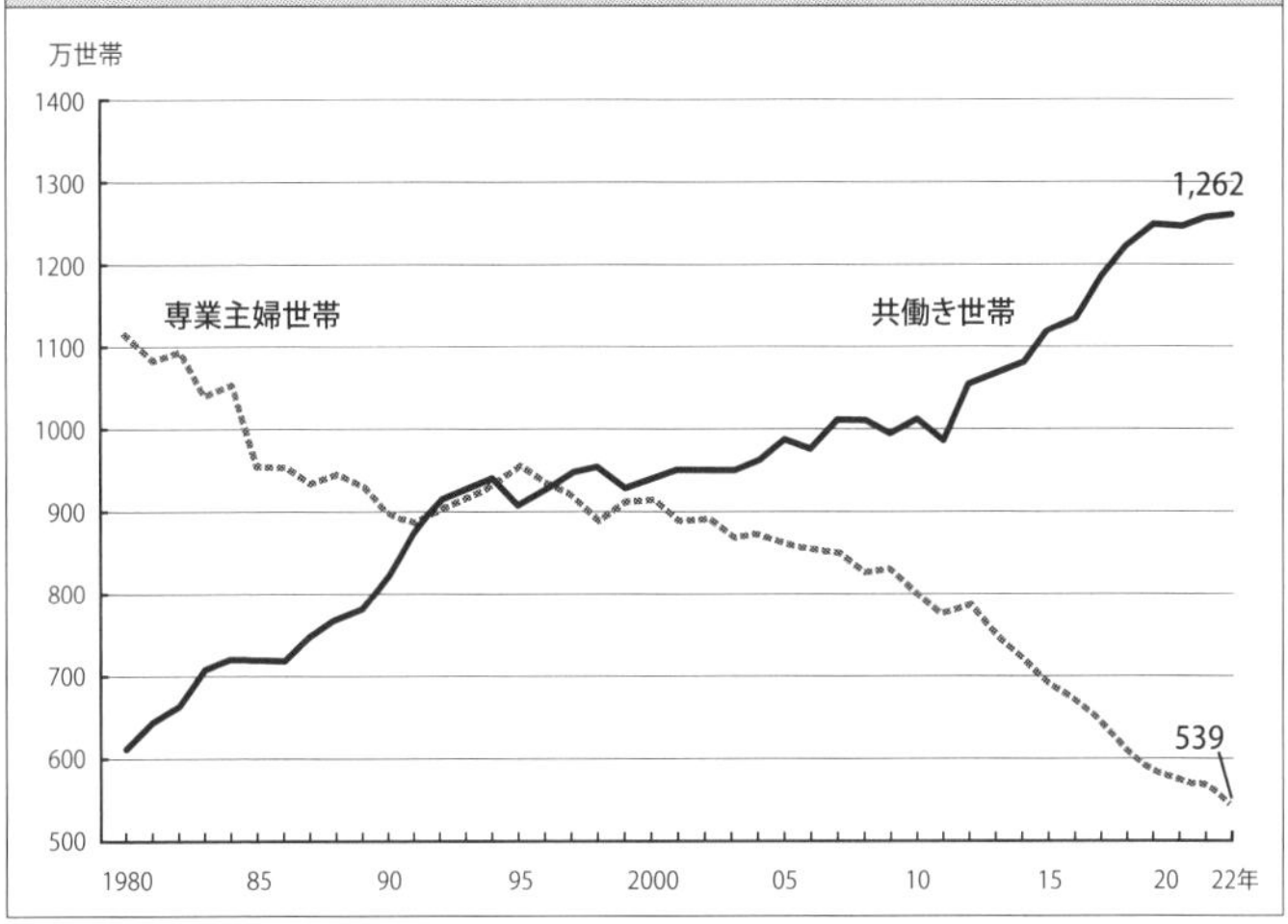

●出典：独立行政法人 労働政策研究・研修機構「図12　専業主婦世帯と共働き世帯」

いです。「子どもの学力や学歴は教育費にいくらかけるかによって決まると感じるか」という設問に対して、「非常にあてはまる」「ややあてはまる」と回答した人は「62・7%」に達しています。さらには、「老後の蓄えより子どもの教育費にお金を回したい」と回答した人は「59・3%」です。

我が子のために教育費をかけることは、スタンダードであり、決して、特別なことではなくなっているのです。

3．親御さまの多くは「子どもの教育費」を聖域扱いしている

子ども一人当たりの「年間教育費」の推移（1971年～2015年）

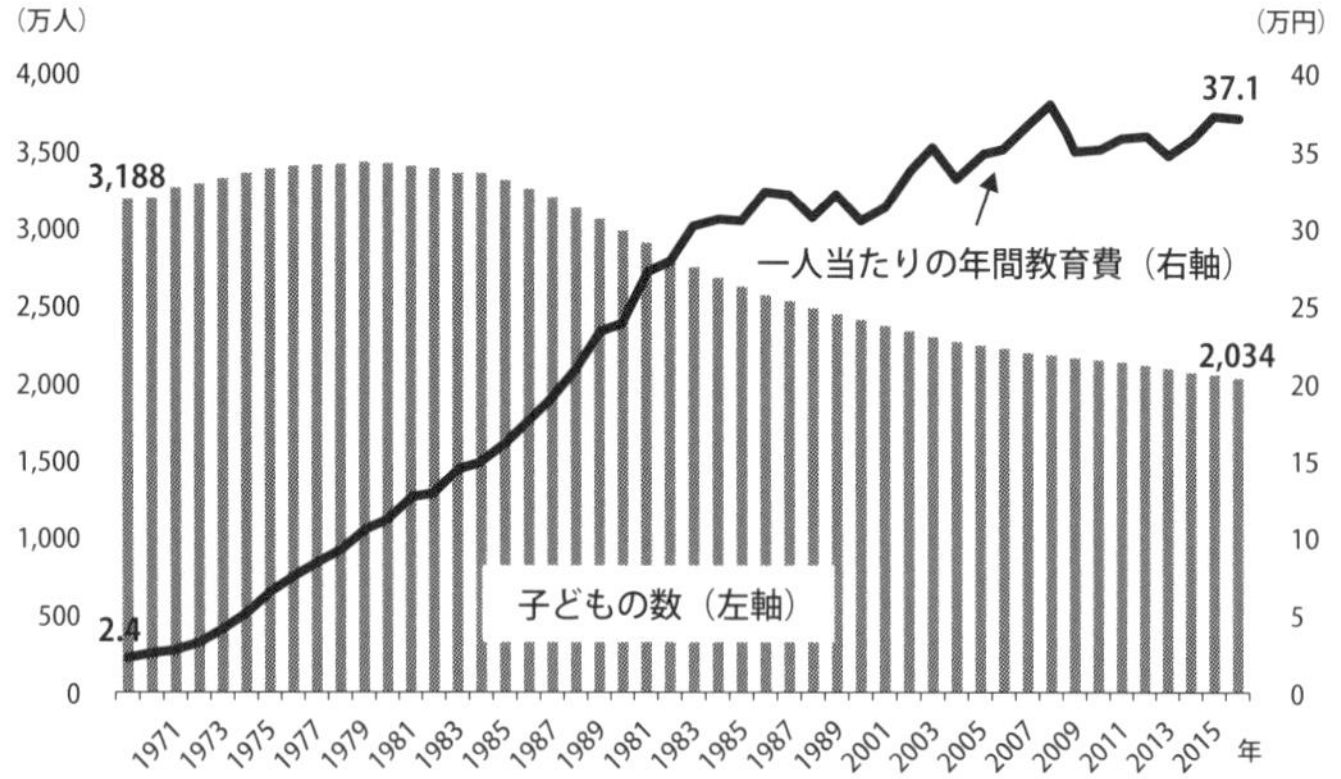

●出典：参議院「経済のプリズムコラム No16『ー家計の消費構造の変化ー子供の減少と相反する一人あたり教育費の増加』」

世の中の親御さまの多くが「子どもの教育費」を〝聖域扱い〟しているのも、注目すべき点です。衣料費や外食費を切り詰める人の割合は50％程度である一方、「子どもの教育費」は、21・7％でした。これは「保険料」や「衣料費」よりも低い数値です（「勤労者短観報告書（2020年7月）」。

夫婦共働きの「ダブルインカム世帯」が増えるなかで、子どもにかける教育費が大幅にアップ。「子どもの教育にお金をかける」のは、スタンダードになりつつある――それが、今の日本の現状だということです。

子どもの教育資金に関する調査（2022年）

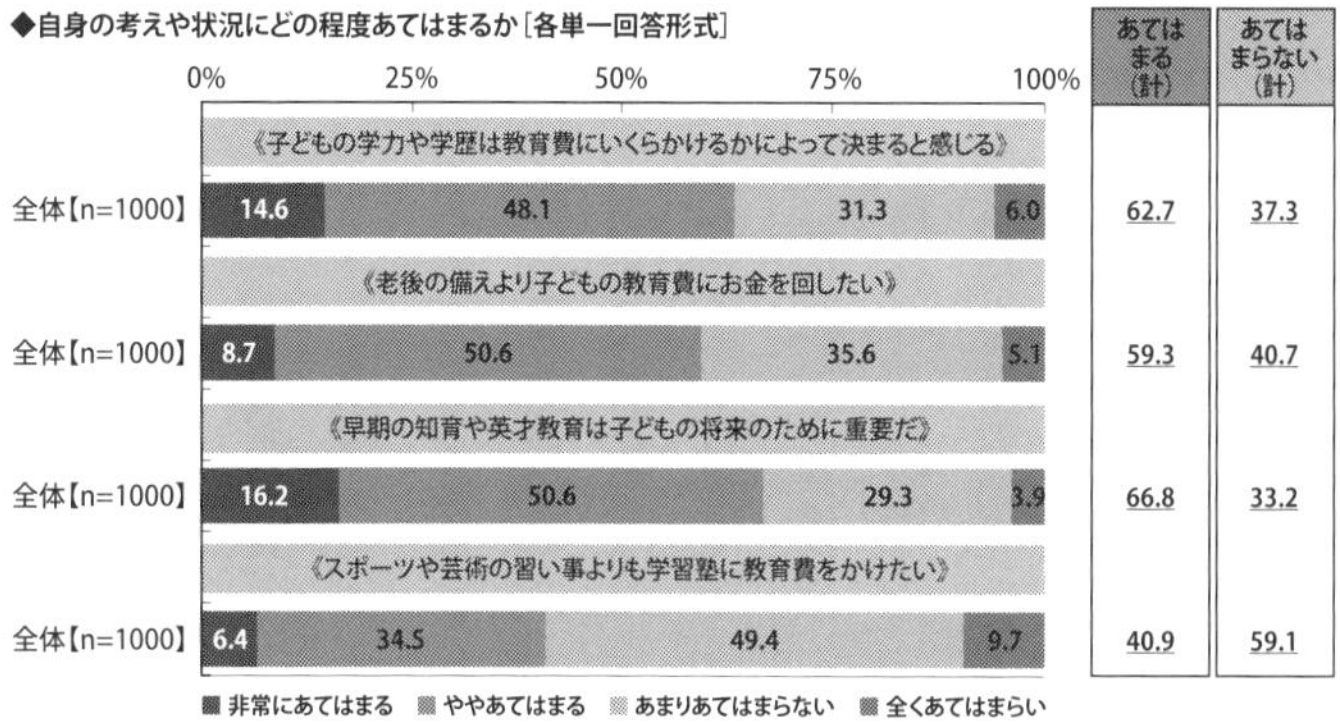

●出典：PR TIMES「子どもの教育資金に関する調査 2022　ソニー生命調べ／大学生以下の子どもがいる 20 歳以上の男女 1,000 名にアンケート」

4．塾経営はコロナ禍の影響を受けない堅調ぶりを発揮している

なかでも「塾ビジネス市場」の堅調ぶりは、注目に値します。少子化が急速に進展しているなか、２０１２年から２０２２年の10年間で、塾に入る生徒数は「１２０２万人↓１４６７万人（２６５万人増）」となりました。そして、学習塾全体の売上高は「４０５８億円↓５５４９億円（１４９１億円増）」と、堅調な推移を見せています。

グラフを見れば一目瞭然ですが、塾業界に関しては、コロナ禍の影響すら受けていなかったのです。塾ビジネスがいかに可能性に満ちており、深刻な社会的インパクトにも圧倒的

世帯で切り詰められた支出割合

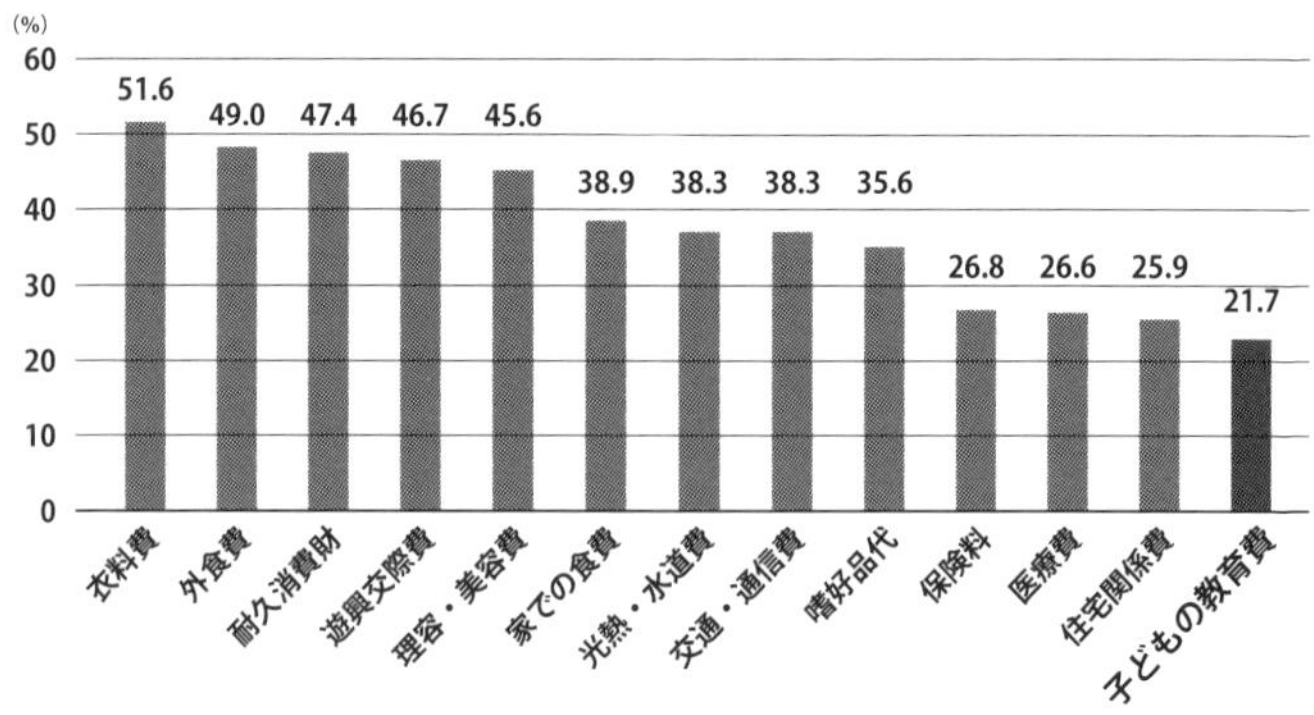

●出典：勤労者短観報告書（2020年7月発行）

に強いかが、ご理解いただけるのではないかと思います。

●まとめ
「塾経営」はコロナ不況に負けず、売上高が「＋1500億円」伸びた〝超成長ビジネス〟

学習塾の「売上高」と「生徒数」の推移（2012年～2022年）

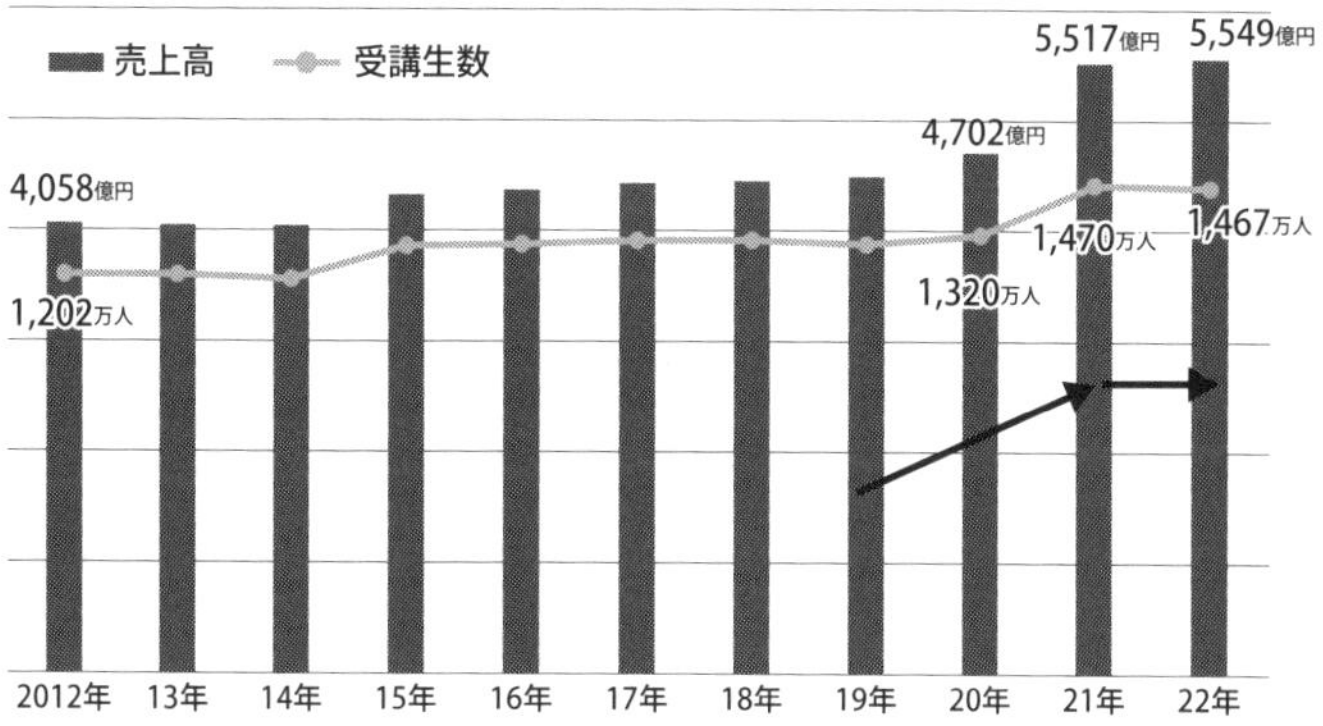

●出典：業界動向サーチ「教育業界の動向や現状、ランキングなど」

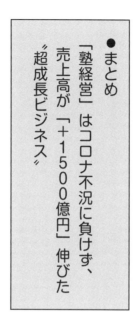

◆教育系ビジネスならば「中学受験塾」がおすすめな理由

前項を通じて「塾経営が堅調なビジネスである」ということについて、ご理解いただけたのではないかと思います。**なかでも、私が強くおすすめしたいのが「中学受験塾」の経営です。**

その理由は、大きく分けて2つあります。ここでは「経営上のメリット」に焦点を当ててご説明したいと思います。つまり**「安定した経営が可能なのか？」**といった点についてです。塾経営は、一般的に「難易度が高い」といったイメージがあり、多くの方にとって気になるポイントだからです。一つずつ、みていきましょう。

「中学受験塾」の経営をおすすめする2つの理由

1．中学受験の受験者数は年々、増え続けているから

2．中学受験は「富裕層のお客様」を相手にしたビジネスだから

１．中学受験の受験者数は年々、増え続けているから

教育系事業のなかで、私がおすすめしたいのが「中学受験塾の経営」です。なぜならば、中学受験者数は、２０１４年以降、毎年〝純増〟しており、ターゲットのパイが大きく、集客しやすいからです。

中学受験者数のピークは、これまで2回訪れています。１９９１年の「5万１０００人」と、２００７年の「5万５００人」です。**そして、２０２３年現在、3回目のピークが訪れています。中学受験者数は、過去最高の「5万2600名」に達しています。**

２０１４年以降、２０２３年まで9年連続で、受験者数を伸ばし続けているため、正確には、〝ピーク〟ではないかもしれません。受験者数は、今後とも伸び続ける可能性があるからです。中学受験をすることが、一つのスタンダードとして定着しつつあるといえるでしょう。

注目すべきなのが、首都圏の動向です。

２０２３年の中学入試では、首都圏に住む小学校卒業生「29万４５７４名」のうち「６万３２８６名」が受験したことが推定されています（２０２３年　首都圏模試センター調べ）。

つまり、小学生の「約４・65人に１人」が、中学受験をしている計算です。これはかなりの割合です。首都圏についていえば、ターゲットとなる受験生は相当数存在しているといえます。

つまり、ターゲットとなるパイが大きく、集客を見込めることから「中学受験塾の経営」がよいと考えられます。

中学受験者数の推移（1998 年～ 2023 年）

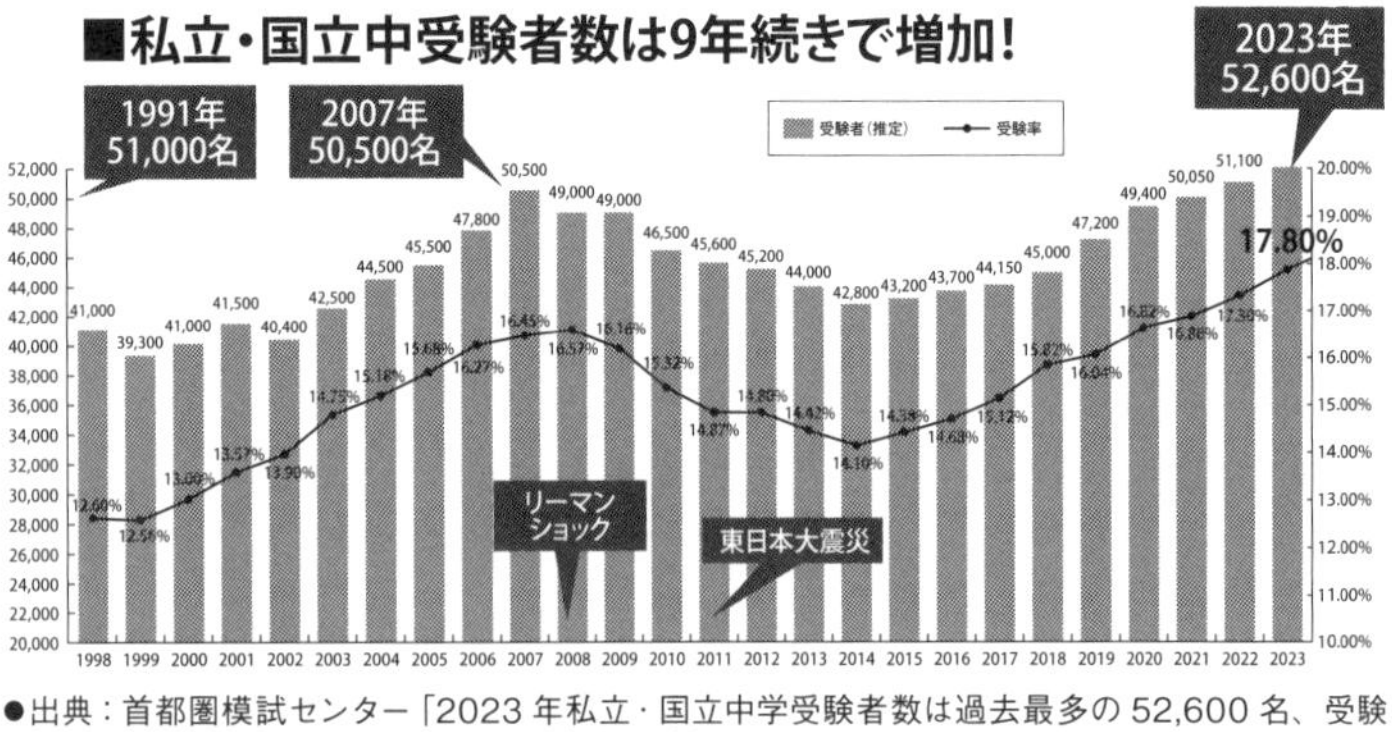

●出典：首都圏模試センター「2023 年私立・国立中学受験者数は過去最多の 52,600 名、受験率も過去最高の 17.86% に！《首都圏》」

2. 中学受験塾は「富裕層のお客様」を相手にしたビジネスだから

中学受験塾の経営をおすすめしたい理由が、もう一つあります。それは「富裕層のお客様」を相手にしたビジネスであるという点です。

円グラフは、子どもを「私立中学校」もしくは「公立中学校」に通わせているご家庭の世帯年収の比較です。ご覧いただくとわかる通り、私立中学校に通わせている親御さまの世帯年収のボリュームゾーンは「1200万円」が「40・1%」で最多です。次いで、多いのが「1000万円〜1190万円」で「17・7%」となっています。子どもの教育に投資できる余裕があるご家庭が、中学受験をして

私立・公立における「世帯年収」の分布比較（2016年）

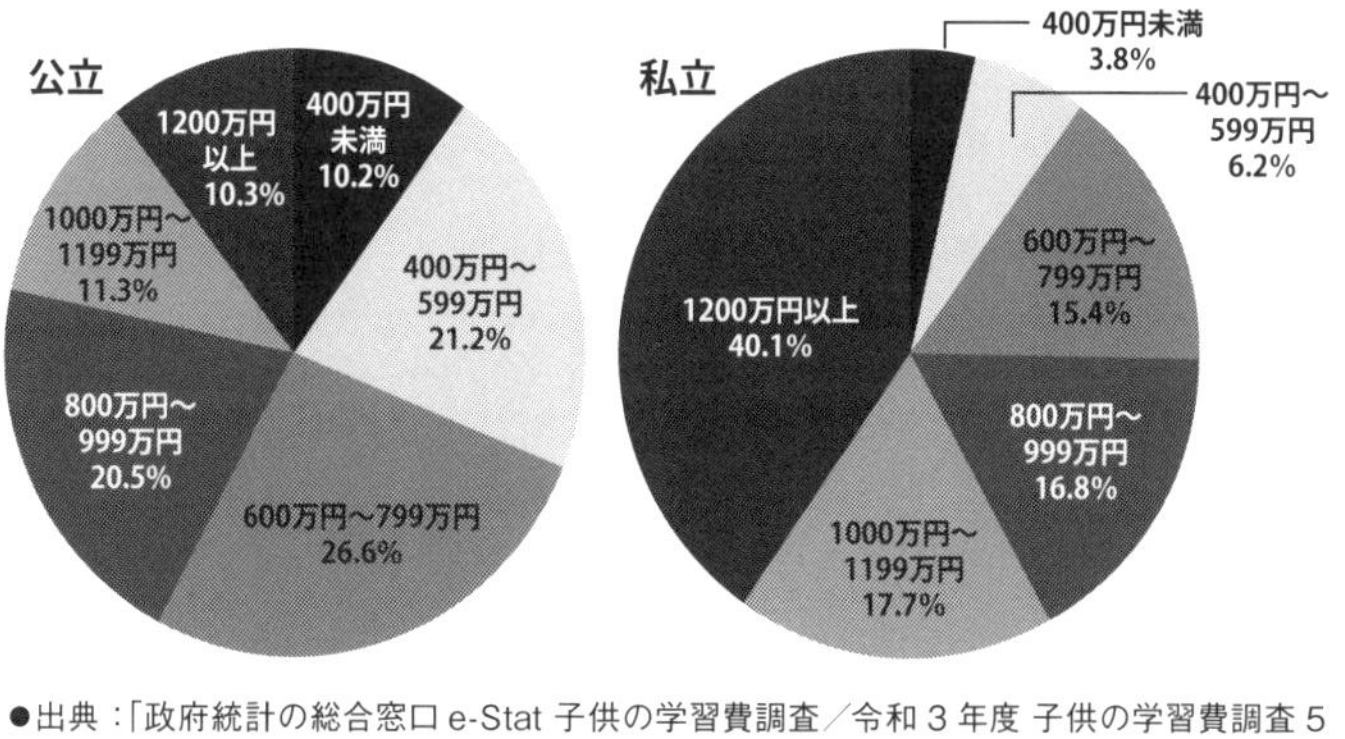

●出典：「政府統計の総合窓口 e-Stat 子供の学習費調査／令和３年度 子供の学習費調査 5 世帯の年間収入段階別、項目別経費の構成比」より筆者作成

いることが読み取れます。

実際、中学受験塾では、どれくらいの出費が想定されるのでしょうか。ファイナンシャルプランナーの松浦建二さんの記事に、大手進学塾の費用に関する情報が掲載されていましたので、一部情報を抜粋してご紹介したいと思います。

ご覧の通り、6年生における塾の基本費用は「120万円~140万円ほど」であることがわかります。

ここで1点、知っておきたい注意点があります。それは、この120万円~140万円の塾代には「志望校別の対策授業」や「土日の補習」のほか「個別指導塾の授業料」や「家庭教師の授業料」などは一切含まれていないということです。

例えば、中学受験で「個別指導」となると「中学受験の指導経験があるプロにお願いしよう」という発想になりやすす

大手進学塾にかかる基本費用

	4年生	5年生	6年生
S社	−	75万9550円	143万1793円
N社	47万4738円	70万7861円	124万8753円

●出典：All Aboutマネー「中学受験、小5から2年間の塾代でかかった『半端ないお金』(https://allabout.co.jp/gm/gc/492356/)」をもとに作成

いです。そういった場合、１コマあたり１万５０００円程度が相場となります。月に４回依頼するとなれば、それだけで１科目あたり「月額６万円」の出費が加算されます。年額になおせば「72万円」ですから「進学塾の基本費用＋家庭教師の授業料」の総額が「２００万円以上／年」になるのは必至です。２教科、３教科と増えれば、塾代が青天井になるのは、火を見るより明らかです。

このシミュレーションからわかる通り、２００万円、３００万円と、塾代に費やしているご家庭は、決して少なくありません。大手進学塾に通っているお子さんのうち、基本費用のみでまかなえているご家庭は成績優秀生の「上位２％」か、志望校合格を諦めている成績下位生しかいないのが実情なのです。

ただし、塾の先生たちが昼夜問わず、汗水たらして、子どもたちと向き合うことを考えると、べらぼうに高い塾代ともいえません。実際、私立中学校の入試は難化し続けています。**結果的に、それだけの費用を塾に投資しなければ、太刀打ちできなくなっているのだといえます。**

余談ですが、早慶ゼロワンの場合、6年生の授業料は、月額8万円程度となっています。それに講習会費などを含めて、年額に直すと140万円程度です。加えて、他塾との併用を一切禁止しています。そのような条件でありながら、大学付属校の合格実績が、全国トップクラスです。そのため、とてもありがたいことに、コストパフォーマンスが高いとの評価をいただいています。

首都圏においては「約4・65人に1人」が中学受験をしている。なおかつ、中学受験塾は、お子さんの教育に熱心な富裕層を対象にしている。この2点から、中学受験塾の経営は、魅力的だと考えられます。

●まとめ
過去最高を更新！ 今は、小学生の「約4・65人に1人」が中学受験生

◆なぜ中学生向けの「補習塾」が「上級者向けビジネス」なのか？

塾を経営する場合、最初に**「フランチャイズ加盟」**を検討する方が多いです。ゼロから個人塾を立ち上げる場合、運営や集客に関するノウハウがないため、失敗するリスクが高いからです。

一方、フランチャイズであれば、本部が用意した運営マニュアルや指導マニュアルなどが用意されていることがあります。教室と机・椅子・パソコン・コピー機さえあれば、比較的低リスクかつスピーディに開塾できる可能性があることから、一般的には**「参入ハードルが低いビジネス」**だといわれています。

さて、現状では、どのような塾がフランチャイズオーナーを募集しているのでしょうか。

まず、小学生を対象に、中学受験対策を行う「大手進学塾（サピックスや日能研、早稲田アカデミーなど）」は直営のみです。そのため、フランチャイズオーナーになることができません。

「一から集団指導塾を立ち上げよう」というのもなかなか困難な話です。非常にスケールが大きいビジネスだからです。1つの校舎で百人以上の生徒さんを集客しなければなりません。相応の教室を確保するべく、莫大な初期投資も必要です。集団指導塾は大手塾により占められていて、個人経営の場合、参入は「ほぼ不可能」だといえるでしょう。

一方、**中学生向けに高校受験対策を中心に行う「個別指導補習塾」は、フランチャイズ加盟者を広く募集しています。**内申点を上げるために学校の成績を上げたい子どもたちが多く通う塾です。駅周辺に存在する個別指導塾のほとんどはフランチャイズです。

しかし、ここで1点、知っておきたい注意点があります。それは、**中学生向けの補習塾の場合、参入ハードルこそ低いものの、収益化の難易度が高い点で「上級者向き」であるということです。**その理由は、大きく分けて4つあります。

「個別指導補習塾」が「上級者向きビジネス」である4つの理由

１．「顧客単価」がきわめて低い
２．「塾講師の離職率」が高い
３．「講師人件費率」が高い
４．「子どもの退塾率」が高い

１．「顧客単価」がきわめて低い

あくまでも「学校補習」という立ち位置なため、すべての科目を教えないケースが多いです。そのため、顧客単価が低くなりやすいです。**一人あたりの単価は、2万7350円程度となっています。**中学受験の大手進学塾の場合、小学6年生の月謝は「月10万円程度」ですから、大きな差がありますね。

家賃や先生の人件費を加味して計算すると「60～80名」ほどの入塾者を集めたところで、ようやく損益分岐点を超えられるのが、一般的個別指導塾のビジネスモデルです。競合がひしめくなかで「非常に厳しい戦いを強いられる」のは、火を見るよりも明らかです。

2.「塾講師の離職率」が高い

薄利多売のビジネスモデルであることから「塾講師の離職率の高さ」が問題になってます。子どもたちのために一生懸命頑張っているのに、なかなか給料が上がらないなかで、モチベーションがどんどん下がってしまうことが原因だといわれています。優秀な講師を雇っても、離職率が高ければ、採用広告費がドンドン膨れ上がります。こうしたなかで、相応の利益が出せず、撤退を余儀なくされる塾も少なくないのです。

3.「講師人件費率」が高い

補習塾は、集団指導ではなく「個別指導」を行うため「講師：生徒＝１：１～５」が基本となっています。それに加えて、先述の顧客単価が低いため、**講師人件費率が高くなりやすい**ことがネックとして挙げられます。一般的には売上に対して「25％ほど」を占めることが多いです。塾によっては40％近くを占める場合もあります。

仮に１００万円ほどの収益が上がっても、人件費が25万以上を占めるということです。ここに、家賃、光熱費、家具・什器のリース料金などが上乗せされれば、ほとんど利益が出ません。知り合いのオーナー兼教室長は、開校から閉鎖まで自分の給与は出せず、「退職金を切り崩していた」とおっしゃっていました。

4.「子どもの退塾率」が高い

一方、子どもたちの**「退塾率の高さ」**も、大きな懸念点として挙げられます。親御さまが、今の塾よりも授業料が安い塾を選んだり（＝価格競争に巻き込まれてしまう）、「理由はないが、なんとなく今の塾より良さそうだ」といった理由から、他塾に移ってしまうことがあるのです。

以上4点が「個別指導補習塾」が上級者ビジネスである理由です。参入ハードルが低いからといって、ビジネスを始めてしまうと、壁にぶつかるかもしれません。

これらに加えて**「競合の多さ」**も懸念点です。駅前などを歩いていただければわかりますが、個別指導補習塾のフランチャイズがひしめきあっています。この点については、既にお伝えした通りです。

参入しやすいものの、安定した収益を出し続けるのは難しいのが、個別指導補習塾です。個別指導補習塾の経営は「上級者向き」だといえるでしょう。

塾フランチャイズへの加盟を検討している方は、次ページのリストをチェックしておくと安心です。参考にしてみてください。

●まとめ
中学生向け補習塾は利益を上げにくい「上級者向けビジネス」

FC加盟チェックリスト	
□	①ビジネスモデルは、競合と比較して高度に差別化されているか？
□	②「合格実績」を出せるだけの指導ノウハウがあるか？
□	③「進路指導」などのノウハウがあるか？
□	④生徒１人あたりの「顧客単価」はいくらか？
□	⑤「損益分岐点」を超えるために必要な生徒の最低人数は？
□	⑥家賃・光熱費・人件費・フランチャイズフィーを支払っても、十分に利益が出せるか？
□	⑦本部によるサポートは手厚いか？
□	⑧本部は「塾運営のノウハウ」を惜しみなく提供するか？
□	⑨困ったときやトラブル発生時に、気軽に相談できるか？
□	⑩スーパーバイザーによる「教室支援の頻度」は多いか？
□	⑪本部が指定する「内装工事費」や「什器備品費」は適正か？
□	⑫「教育理念」がお飾りではないか？

◆「大学付属校専門塾」は〝最強のビジネスモデル〟だった！

もしもあなたが、中学受験塾の経営に、少しでも興味があるならば「大学付属校専門塾」を経営するのがおすすめです。

大学付属校専門塾とは「早稲田大学高等学院中学部（内部進学率＝100％）」や「慶應義塾湘南藤沢中等部（内部進学率＝99％）」、「中央大学付属中学校（内部進学率＝88％）」などのように、ほぼ確実に系列大学に入学できる私立中学の中学受験対策を専門で請け負う進学塾のことです。

なかには「大学付属校に絞ってしまうと、御三家などの進学校狙いのご家庭は入塾しない。経営が成り立ちにくいのでは？」と考える方もいることと思います。そういった疑問を解消するべく、大学付属校専門塾がよいといえる理由を「経営」の観点から解説したいと思います。収益性はいいのか。安定した経営が可能なのかについて、知りたい方は、参考にしてみてください。

「大学付属校専門塾」の経営をおすすめする３つの理由

１．大学付属校の入試問題は「学校の教科書を土台にした＋αの応用」であり、努力が報われやすいから

２．「大学入学共通テスト」スタートで「大学付属校」の人気が過熱しており、入塾希望者が集まりやすいから

３．高度に差別化されていて、競合との争いに巻き込まれないから

１．大学付属校の入試問題は「学校の教科書を土台にした＋αの応用」であり、努力が報われやすいから

大学付属校の入試問題は「基礎学力＋αの応用力」を問うものです。そのため、お

子さんのモチベーションを引き出す声かけや指導法を確立できれば、ごく普通のお子さんでも、難関志望校に合格できます。そして、塾としての実力が積み重なっていけば、入塾者による口コミが話題を呼び、問い合わせが絶えない塾になります。

つまり、ビジネスモデルとして「非常に実績が作りやすい」という点で、大学付属校専門塾の経営は魅力的なのです。

本書の冒頭では「早慶ゼロワンの合格実績」をお伝えしました。そして、ごく普通のお子さんが、早慶GMARCHレベルの私立中学校に合格を果たしていることをお伝えしました。そうした実績を上げられているのは「大学付属校の入試問題の特徴」にあるのです。

多くの親御さまがご存じないのですが、実は、御三家を始めとする「難関進学校」と、早慶GMARCHなどの「大学付属校」の入試問題は、その毛色に大きな違いがあります。

御三家の入試問題は、学校の教科書の範疇を超えた「超難問」です。広範な知識の習得に加えて、算数の問題などは、ひらめきや高いセンスに加えて、初見問題への対応力、そして論理的思考力までもが問われます。**一方、付属校の入試問題は、学校の教科書を土台とした応用問題を出題します。**もちろん、学校の教科書さえマスターしておけば合格できるほど簡単ではありません。しかし、しっかりと「入試対策」に力を注ぎ、志望校の出題傾向に合わせて得点できるようになれば、ごく普通のお子さんでも、難関付属校の合格を狙えるのです。

基礎学力を養い「十分な入試対策」を行うことで太刀打ちできるのが大学付属校の入試問題。一方、ひらめきやセンスを持ち合わせた〝早熟なお子さん〟でないと、突破が難しいのが御三家の入試問題なのです。

この大きな違いを踏まえたうえで、大学付属校に特化した専門塾を開校したことが「早慶付属校への合格率＝76％」という合格実績につながっています。普通のお子さんが、難関付属校に合格できる「戦略」は、まさにここにあるのです。

早慶ゼロワンの実績を叶えているのは、魔法でもなんでもありません。そのことをご理解いただけましたら嬉しいです。

●こんなに違う！「御三家」と「大学付属校」の入試問題比較

御三家と大学付属校の問題がどれほど違うのかは、実際の入試問題を比較するとわかりやすいです。実例をご紹介しましょう。

●算数

以下は男子御三家の「麻布中学校」と、大学付属校の「慶應義塾普通部」における「算数」の入試問題です。どちらも速さを問う問題です。

麻布中学校の問題では、グラフなど、図形的な情報が一切ありません。問題文を読み解き、ゼロからグラフを作成したうえで解答に導く必要があります。

一方、慶應義塾普通部の問題は、3人のうち、2人の情報がグラフに書かれています。そして、残り1人のグラフを作成するという問題です。

いずれも、難易度の高い問題ですが、麻布中学校の問題の方が、より難解で発展的です。慶應義塾普通部の問題は、「2人分のグラフ」のヒントが与えられていますが、麻布中学校の入試問題は、まっさらな状態から、グラフを書き起こし、解答に導かなければならないからです。

【麻布中学校（2021 年）の入試問題】

2 たかし君とまこと君が全長 6km のマラソンコースを同時にスタートし，それぞれ一定の速さで走り始めました．たかし君はスタートして 3.6 km の地点Ｐから，それまでの半分の速さで走りました．たかし君は地点Ｐを通り過ぎた 15 分後から，まこと君はそれまでの 2.5 倍の速さで走りました．まこと君はゴールまで残り 600m の地点でたかし君を追い抜いて先にゴールしました．また，たかし君はスタートしてから 40 分後にゴールしました．

⑴ たかし君がスタートしたときの速さは分速何 m ですか．

答　分速［　　　］m

⑵ まこと君がスタートしたときの速さは分速何 m ですか．

答　分速［　　　］m

【慶應義塾普通部（2018年）の入試問題】

8. A 君は時速 4 km で Q 町を出発して下のグラフのように往復します。B 君は時速 8 km で Q 町を出発してグラフのように往復します。A 君が Q 町を出発すると同時に、C 君は P 町を出発して Q 町へ向かい、1 km 進むごとに 15 分休けいをとります。C 君は 1 時間 25 分で Q 町に着き、Q 町で 15 分休けいした後、P 町へ休けいせずに時速 8km でもどります。

① C 君が出発してから 2 時間たつまでに進むようすをグラフにかきいれなさい。

② C 君が B 君と 4 回目に会うのは、C 君が A 君と初めて会ってから何時間何分後ですか。

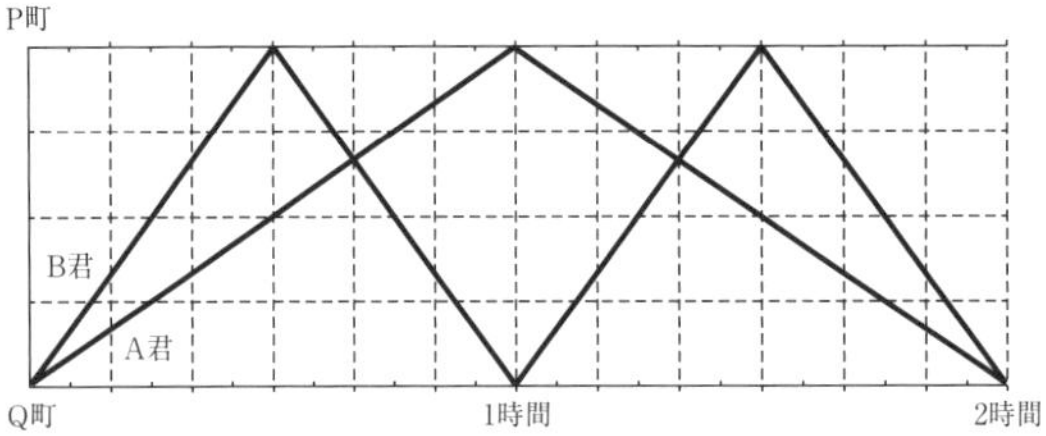

●社会

続いて、男子御三家の「開成中学校」と、大学付属校の「早稲田大学高等学院中学部」における「社会」の入試問題をみてみましょう。どちらも、ウクライナ情勢に関する問題です。地図の中から、問われている国名を記号で答えます。

早稲田大学高等学院中学部の入試は、ウクライナの位置のみを答えさせる問題ですが、開成中学校はウクライナ、フィンランド、スウェーデンの3ヵ国を問う問題です。ニュースでも度々取り上げられるウクライナの位置のみを問う問題と、より広範な知識を問う問題という点で、大きな違いがあります。

【開成中学校（2023年）の入試問題】

問2　下線部①～③に関して、①ウクライナ、②フィンランド、③スウェーデンの一を、それぞれ次の図2中のア～クから一つ選び、記号で答えなさい。

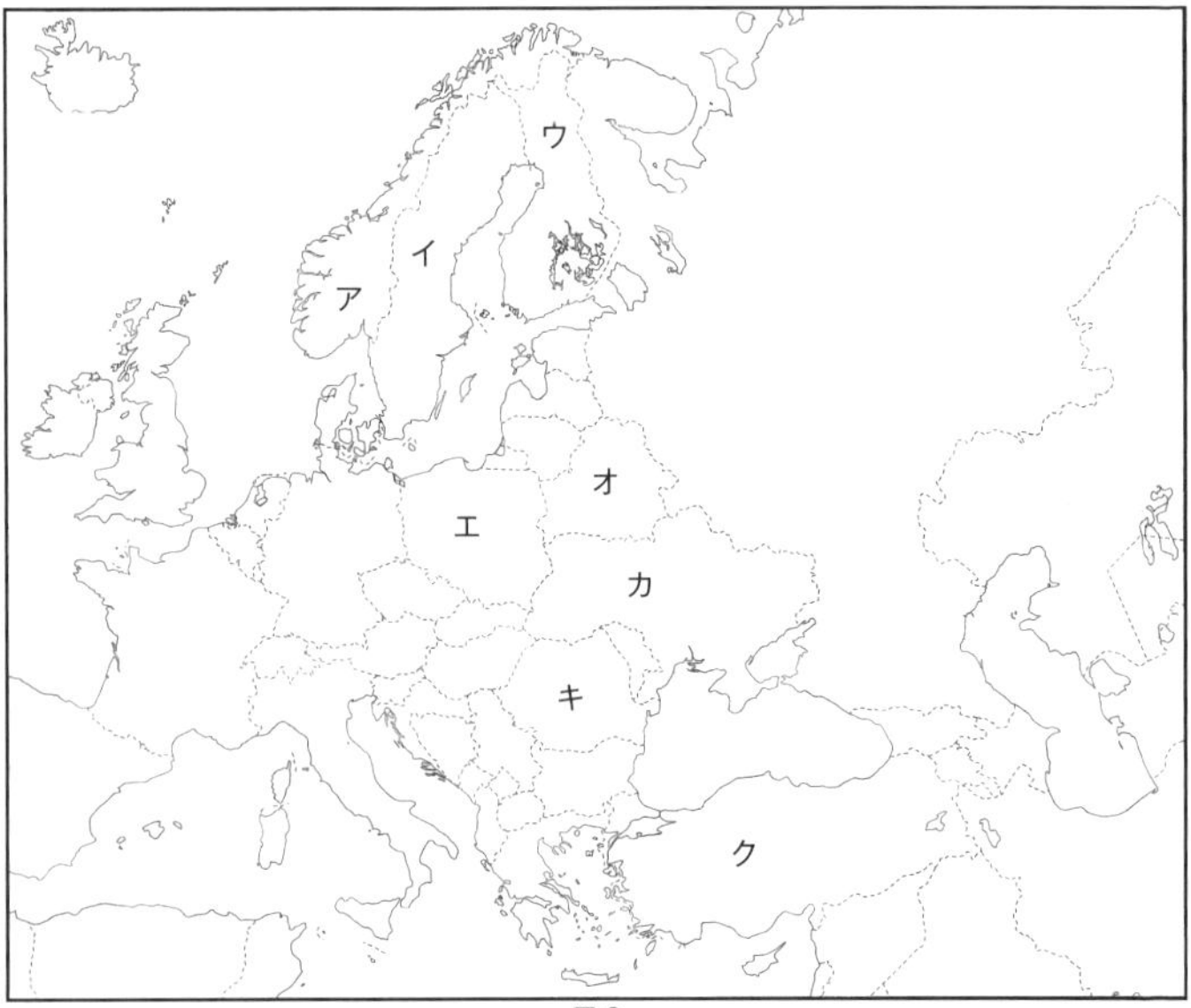

図2

【早稲田大学高等学院中学部（2023年）の入試問題】

問2　下線部①について、戦争開始時のウクライナの場所として正しいものを下の略図中から選び、記号で答えなさい。

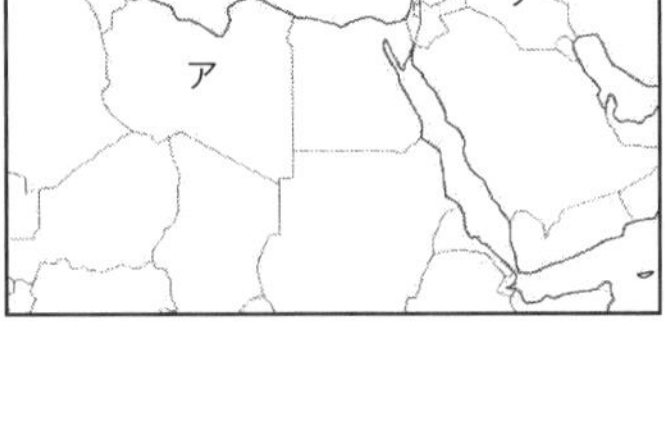

「御三家」と「早慶付属校」の入試問題を見比べてみて、どう感じましたでしょうか。いずれも、トップクラスの人気を誇る難関私立中学ですが、入試問題には、大きな隔たりがあることが、ご理解いただけたのではないでしょうか。

●慶應義塾中等部は「偏差値56」でも合格できる

ここで一つ、あなたに知っていただきたい「興味深い事例」があります。それは、大学付属校の場合、偏差値が届いていなかったとしても、しっかりと入試対策を行い、苦手を克服できれば、合格できるということです。

５年生の11月に早慶ゼロワンに入塾した〝さとしくん〟という男の子がいます。彼は５年生の10月まで、大手進学塾に通っていました。しかし、授業についていけず、成績が伸び悩んでいました。その頃の偏差値は「44」でした。

そんな〝さとしくん〟ですが、早慶ゼロワンに入塾し、受験に目覚めた結果、見事、第一志望校である「慶應義塾中等部」の合格を果たしました。慶應義塾中等部の偏差値（男子）は「74」です。

この話を聞くと「猛勉強して偏差値を30近く上げたのか？」と思われるかもしれませんね。しかし、彼の場合、そんなことはありませんでした。

〝さとしくん〟の最終的な偏差値は「56」でした。それにもかかわらず、慶應義塾中等部に合格できたのです。なぜ、合格できたのか。それはまさに、大学付属校の入試問題が、「基礎学力＋αの応用問題」であり、しっかりと入試対策と苦手克服ができれば、合格を手に入れられるものだからです。

大学付属校に関していえば、偏差値はさほど参考にはなりません。どれだけ、過去問で得点できるか。その一点に尽きるのです。

もしもあなたが、中学受験塾を経営するならば、「大学付属校」がおすすめです。普通のお子さんが当たり前のように難関中学校に合格する個別指導塾を作れるからです。

御三家中学と、早慶GMARCH付属校の違いが、一目でわかる「比較一覧表」をまとめてみました。参考になりましたら幸いです。

御三家中学校と早慶 GMARCH 付属校の比較一覧表		
	御三家中学校	早慶 GMARCH 付属校
学校	**• 男子御三家** 開成中学校・麻布中学校・武蔵中学校 **• 女子御三家** 桜蔭中学校・女子学院中学校・雙葉中学校	**• 早稲田４校** 早稲田大学高等学院中学部・早稲田実業学校中等部・早稲田中学校・早稲田大学系属早稲田佐賀中学校 **• 慶應３校** 慶應義塾中等部・慶應義塾普通部・慶應義塾湘南藤沢中等部 **• GMARCH** 学習院中等科・学習院女子中等科・明治大学付属明治中学校・明治大学付属中野中学校・明治大学付属八王子中学校・青山学院中等部・青山学院横浜英和中学校・青山学院大学系属浦和ルーテル学院中学校・立教池袋中学校・立教新座中学校・立教女学院中学校・香蘭女学校中等科・中央大学付属中学校・中央大学付属横浜中学校・法政大学中学校・法政大学第二中学校

	御三家中学校	早慶 GMARCH 付属校
中学 入試問題の難易度	きわめて難しい	普通のお子さんでも 「基礎力＋十分な入試対策」によって突破可能
中学 入試問題の特長	広範な知識、ひらめき・センス、理論的思考力が問われる問題の出題がある	小学校の教科書の延長線上・応用・発展にとどまるため、対策可能
大学入試	高校３年時に「大学入試」を受ける	内部推薦基準を満たせば、 付属大学に入学できる
生徒獲得の狙い	６年後の入試で「難関大学」に合格できる可能性が高い生徒の青田買い	学校が掲げる理念の実践者の獲得
生徒・親御さまにとってのメリット	充実した学習環境が用意されているため、東大・京大に合格できる可能性が高まる	難関大学にエスカレーターで入学できる
生徒・親御さまが気をつけたい注意点	小学校から高校まで 10 年近く「学業漬け」になるため、自分の好きなこと・やりたいことに注力しにくい	● 付属校によって付属大学への「内部進学率」が異なる ● 内部進学のための成績条件が課せられている場合がある

2.「大学入学共通テスト」スタートで「大学付属校人気」が過熱しており、入塾希望者が集まりやすいから

「大学入学共通テスト」によって、大学付属校の人気が過熱しており、比較的容易に入塾者を集められるようになったことも、私が「大学付属校専門塾」の経営をおすすめする理由の一つです。

1990年から長らく、国公私立大学を対象に「大学入試センター試験」が実施されていましたが、2021年からは「大学入学共通テスト」に切り替わりました。このテストは、**大学入学センター試験と比べて「思考力・判断力・表現力」を問う問題の比重が高い**のが、大きな特徴です。

> **知識の理解の質を問う問題や、思考力、判断力、表現力等を発揮して解くことが求められる問題を重視した問題作成を行います。**

●出典：大学入試センター「共通テストの役割」

今までは暗記さえしていれば高得点をマークできていましたが、大学入学共通テストでは、基礎的な内容に加えて、より発展的な「応用力」も、同時に試されるようになったということです。

「大学入学共通テスト」に見られる傾向（抜粋）

●国語
「情報処理力」「思考力」が問われる問題が出題される（複数の資料を読み解いたうえで、解答を導く）

●英語
・文法や語彙の問題がなくなり、読解問題のみの出題に絞られた
・「情報処理力」「思考力」が問われる問題が出題される（複数の資料・図表を読み解いたうえで、解答を導く）

●数学
・「日常の課題」をテーマに、数学的に解決していく必要がある
・問題を「一般化」する力が求められる問題が出題される

●出典：ベネッセ「センター試験とは？大学入学共通テストとの違いや対策をわかりやすく解説」

これまでと毛色の異なる共通テストがスタートしたことで、親御さまたちの間で〝不安感〟が一気に高まりました。具体的には**「我が子が将来大学入学共通テストを突破できる能力が身につくか」に関する不安**です。そうしたなかで、難関私立大学にほぼ確実に進学できる「大学付属校」の人気が一気に高まったのです。

共通テストの難化など、子どもに〝険しい山登り〟をさせたくない親御さまが増えているなかで、大学付属校専門の個別塾を経営するのは、賢い選択肢の一つだといえます。

3．高度に差別化されていて、競合との争いに巻き込まれないから

早慶ゼロワンのように、大学付属校に特化した個別指導塾は、ほぼ存在していません。高度に差別化されているため「大学付属校に絞って受験したい！」というお子さんがいた場合、高確率で入塾につながります。実際、初回カウンセリングでの入塾決定率は「70％～80％」程度です。今後、知名度が拡大していけば入塾決定率はさらに上がっていくことと思います。

また、お子さんがひしめきあう集団塾でもなければ、補習を前提とした個別指導塾でもありません。私たちの塾は、４教科すべてを教えることを基本にしつつ、お子さんの学力向上の観点から、成果を最大化できる「先生：生徒＝１：３」の授業を基本にしています。そのため、講師人件費率を大幅に下げることに成功しています。現状、当塾の講師人件費率は「15％以下」。これは業界最高水準の低さです。

高度に差別化された指導ノウハウや、独自に開発したオリジナル教材を活用し、圧倒的な合格実績を上げていることから、大手進学塾と同等レベルの授業料にてご提供しているのも、補習塾との大きな違いです。そのため、利益率は平均35％以上を実現しています。

●まとめ
先行き不透明な時代こそおすすめしたい「大学付属校専門塾」の経営

◆親世代の感覚のまま「大手進学塾」を選ぶ落とし穴

大手進学塾では入塾テストがあるため、子どもの学力によって、入塾できるか否かが決まります。しかしながら、子どもの志望校は問いません。当塾のように「大学付属校を目指す方のみ入塾可能」とはしていないのです。御三家を始めとする難関進学校を目指す子どもも、大学付属校を目指す子どもも、同じ教室で学んでいます。

ここに、大手進学塾ならではの〝危うさ〟が存在しています。実は、大手進学塾は、合格者数こそ多いものの、難関中学の合格率は高くないのです。

なぜ、大手進学塾だと、合格率が伸び悩みやすいのか。その理由について、20年以上変わらない〝構造上の問題〟を踏まえて解説したいと思います。

まず大前提として、大手進学塾は「集団授業」が基本です。その際、授業や教材の照準（レベル）を、御三家などの「最難関」の問題に合わせています。

つまり、大手進学塾の授業やテキストは「最難関の入試問題を突破すること」を前

提に編成されているということです。「一番難しいことをやっておけば、どんな入試にも対応できる」という発想なのです。「上位5％のための授業」が行われているのが、大手進学塾の現状なのです。

なぜ、大手進学塾は、上位5％向けの授業をするのでしょうか。**それは、上位クラスにいる20％の生徒さんたちの輝かしい合格実績に、大きな宣伝効果があり、それが、たくさんの生徒さんたちを集める際の呼び水になるからです。**「合格実績は上位20％の生徒で作る。塾運営のための収益は下位80％の生徒から集める」などと述べる関係者の発言を耳にしたことがあります。信じられないことですが、これが大手進学塾の収益構造なのです。

上位5％向けの授業が展開されると、どんな問題が発生するのでしょうか。それは、もともと優秀な上位20％だけが合格を手にして、残りの80％の生徒さんたちは、落ちこぼれてしまうということです。

言うまでもないことですが、授業の内容は非常にハイレベルになります。広範な知識と難問への突破力が求められます。さらに、目まぐるしいスピードで授業が進んでいきます。「何がなんでも、しがみつくしかない」と覚悟を決め、一生懸命に頑張るお子さんが大勢いらっしゃいますが、授業についていけず、宿題もまともにできないため、親がつきっきりで夜中まで勉強を教えているケースが多く存在します。努力が空回りしているお子さんが少なくありません。本当に残念で、もったいないことです。

子どもたちは、過酷な競争の世界に放り込まれ、じりじりと自信をなくしていきます。

結局のところ、苦しすぎる闘いのなかで、自分を見失わず、前を向き続けられるのは、上位20％のお子さんだけなのです。

また、大手進学塾の場合、6年生の秋まで、御三家向けのテキストを使った授業が続きます。6年生の10月～12月頃になってようやく、志望校の過去問を解くことが許されます。とはいえ、過去問対策を授業中に行うわけではありません。「自宅で過去問対策をしてもいいよ」という許可が出るに過ぎないのです。

大学受験と同様、中学受験も「志望校対策」が勝敗を左右するにもかかわらず、本番直前まで、御三家対策に注力するのが、大手進学塾のセオリーということです。

上位5％向けの授業、直前まで許可が下りない過去問演習……。果たして、こうしたやり方で、お子さんは志望校に合格できるのでしょうか？

私は「Ｎｏ」だと思っています。どうしても、「時間の使い方」に違和感を禁じ得ません。志望校対策にもっと時間を割くべきだと、強く思います。それは「慶應義塾中等部は『偏差値56』でも合格できる」でご紹介した〝さとしくん〟の事例に見て取れます。しっかりと入試対策に時間を割けば、自分の偏差値にかかわらず志望校に合格できる確率が上がるからです。

私は、大手進学塾の授業方針を**「積み上げ式」**と表現しています。御三家のような難関進学校

【「積み上げ式」の勉強法】

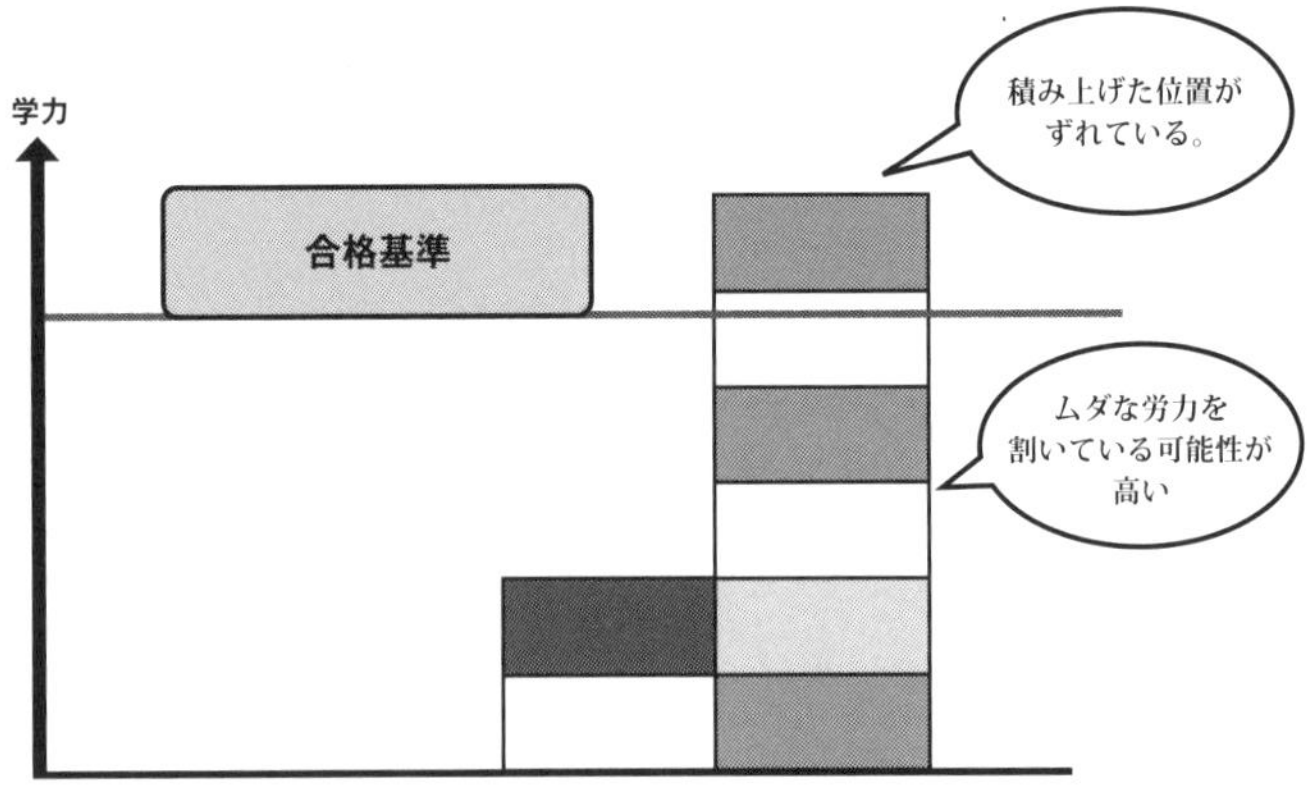
学力
合格基準
積み上げた位置がずれている。
ムダな労力を割いている可能性が高い

に太刀打ちできるレベルになることで、御三家以下の私立中学にも対応できるようになるという発想のもとに、授業が編成されているからです。入試問題が多様化しているなかで「御三家対策をしておけば、ほかも受かるだろう」という考え方は、大多数の生徒にとって厳しいし、非効率な学習というほかありません。

一方、早慶ゼロワンが提唱するのは「逆算式」です。

志望する私立中学校はどこなのか。

その中学校に合格するには、どんな問題が解けるようになればいいのか。

そうした問いに対して、一つひとつ解を導き出し、やるべきこと・やらなくていいこと

【「逆算式」の勉強法】

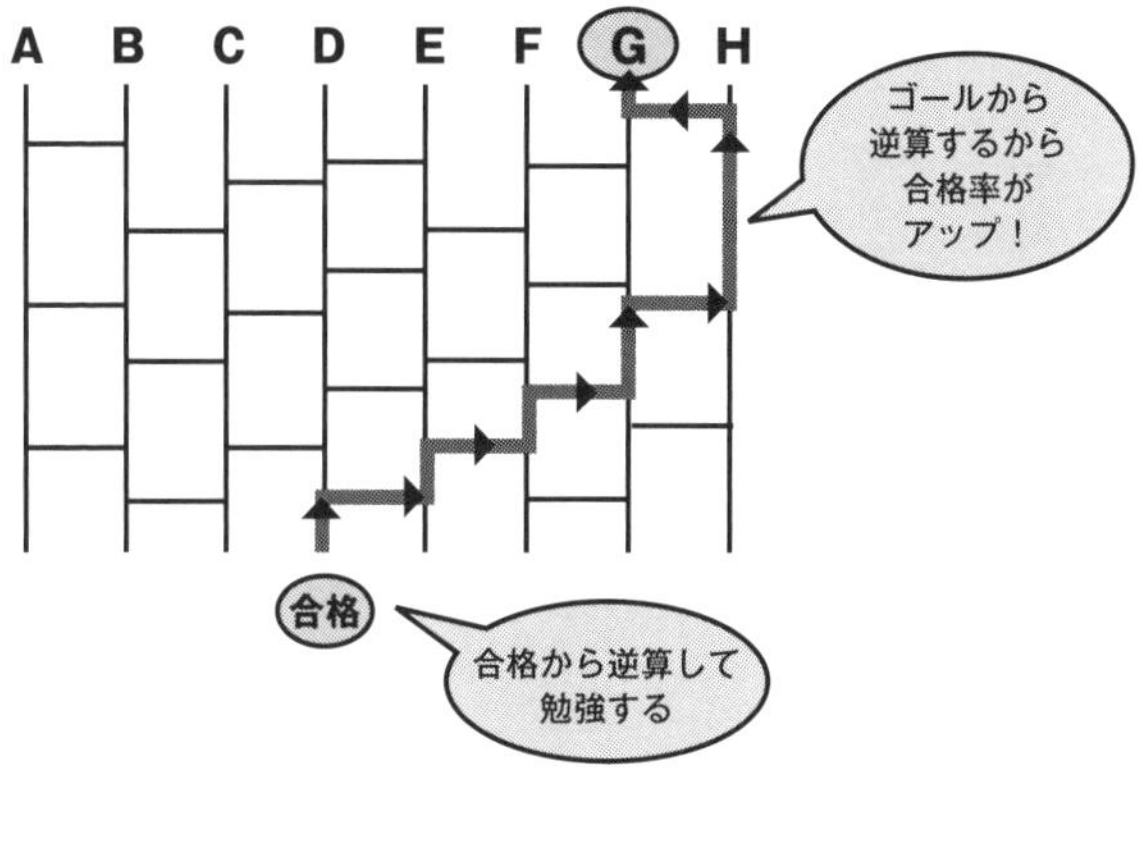

を取捨選択するのが「逆算式」の授業方針です。

逆算式の授業にすることで、最短ルートで、志望校合格を手に入れることができます。

私の塾では、この「逆算式」に徹底的にこだわることで、圧倒的合格実績・合格率を実現しています。

●まとめ
「上位5％向けの授業」「直前までやらない過去問対策」が〝2月の敗者〟を生み出す

◆芦田愛菜さんが「慶應義塾中等部」に進学した理由

私が大学付属校専門塾を経営しようと考えた根っこには「学歴社会に一石投じたい！」という想いがありました。

これまで30年以上、中学受験業界に携わってきましたが、いまだに大多数の親御さまは「子どもが将来困らないように、立派な学歴をつけさせたい」という考えを持っています。「将来は東大に進学させたい。そのために、何がなんでも、我が子を御三家に入学させる！」と躍起になる親御さまが少なくありません。そうした親御さまたちの表情に、一切の余裕はありません。塾からは「中学受験は親の受験です」と発破をかけられ、難関進学校に合格するには「上位クラス」に入らなければと圧をかけられ……。余裕がなくなることも無理はありません。本当に胸が痛みます。

そして「子どもが将来困らないよう、手を尽くしてあげたい」という親心も、子を持つ一人の親として、痛いほどわかります。大事な子どものこととなれば、どんな親だって想いは同じです。

しかし、御三家を始めとする難関進学校に入学し、東大や京大といった最高学府の学歴を手に入れることが、本当にお子さんを幸せにする手段なのでしょうか？

「そうとは限らないのでないか」というのが、私の正直な想いです。なぜならば、子どもたちの生きる力や人間力の土台を作る種は、学校生活を通じて得られる多様な経験のなかにこそ蒔かれているからです。

あなたの学生時代を振り返ってみてください。どんなふうに過ごされてきたでしょうか。人によって、さまざまだと思いますが、一つの目標に向かい、汗水たらして部活動に励んだり、友達とケンカして仲直りしたり、先生から叱られたり、好きな人に恋心を抱いてみたり……。

日々の学校生活で、学友と全力でぶつかり合うなかで、子どもたちは、目にはみえない大切なことを学びます。子どもの人間力を育むためには、こうしたぶつかり合いができる環境に身を置くことが一番の成長だと、私は考えています。

そして、自分の頑張りたいことや趣味、友達との青春を謳歌し、のびのびと過ごせる環境が用意されているのが、大学付属校なのです。

女優やタレントとして大活躍している芦田愛菜さん。その名を知らない人はいないでしょう。ご存じの方が多いと思いますが、彼女も数年前に、中学受験を経験しています。当時、女子御三家の「女子学院中学校」と、大学付属校の「慶應義塾中等部」にダブル合格したことが大きな話題になりました。どちらも、最難関レベルの私立中学校ですから、トップレベルの学力だったことがうかがいしれます。

このとき、どちらの私立中学を選ぶのかが、たいへん注目されました。**最終的に、芦田さんが選んだのは「慶應義塾中等部」でした。**慶應を選んだ背景には「学業一色ではなく、女優業も両立させたい」という芦田さんの想いがあったといわれています。

子どもたちが人間力を高めたり、生きる力を育むためには、中高6年間という人生の黄金期に「どれだけ〝生身の体験〟を刻めるか」が大事です。中高6年間の過ごし方を、かなり自由にプランニングできる大学付属校を選ぶことの価値は、まさにここにあります。

演奏家になりたいなら、吹奏楽部で一生懸命頑張ればいい。友達と楽しい思い出をたくさん作りたいなら、たくさん遊べばいい。極めたいスポーツがあるなら、そのスポーツにトコトン夢中になればいい。こんなふうに、6年間をどう過ごすかは、子どもたちが自由に決められます。この自由度の高さこそが、大学付属校に進学するからこそ得られる魅力です。

一方、難関進学校を目指した場合はどうなるでしょうか。小学生時代だけでなく、中高6年間も、最難関大学に現役合格するために、勉強漬けの日々を過ごすことになります。どうしても、数年後に控えている大学受験という大イベントを見据えなければならないため、自由闊達に青春を謳歌できなくなってしまうのです。

大学付属校に特化した進学塾を経営するということは、未来ある子どもたちの可能性を開花させるお手伝いができるということです。そして、子どもたちが、一人の人間として成長する過程を間近で応援できます。そこに、この事業だからこそ得られるやりがいがあると、日々感じております。

●まとめ
子どもの「人間力」「生きる力」を育むのは、笑いあり涙ありの中高6年間

第2章

潜在能力を引き出し合格に導く「ゼロワンメソッド」

◆授業は「インプット：アウトプット＝3：7」がベストな理由

第1章では「なぜ、大学付属校専門塾の経営がよいのか？」について、社会背景も踏まえながら詳しくご説明しました。

続く第2章では、実際に大学付属校専門の個別指導塾である「早慶ゼロワン」が、過去5年間で「早慶付属校の合格率＝76％」を達成している秘密について、余すことなく解き明かしたいと思います。

「どうやって、子どもたちの能力を引き出しているのか？」「何を心がけると、子どもたちの成績がグングン伸びるのか？」といった疑問をお持ちの方は、ぜひ参考にしてみてください。

まず1つ目のメソッドです。授業は**「インプット：アウトプット＝3：7」の黄金比率を守るようにしてください。**つまり、授業中は、**徹底的にお子さん自身の頭で考えさせることに努め、先生は手取り足取り教えすぎないよう**にするということです。

「インプット：アウトプット＝３：７」の授業をすることで、学習定着率が驚くほど向上します。授業で習ったことが、しっかりと血となり肉となるのが、この授業スタイルです。

一般的な塾では**「インプット：アウトプット＝10：0」**の授業です。つまり、先生の話を聞きつつ、ノートにメモを取る「講義スタイル」の授業ですね。ということで、基本となる授業スタイルから、早慶ゼロワンは、一般的な塾と大きく異なるのです。

さて、なぜ「アウトプット重視」の授業を行った方がよいのでしょうか。それは、**アウトプット重視の授業の方が「学習定着率」が高い**からです。学習定着率とは「どれだけ、覚えたい知識を効率よく頭に定着させられるか」に関する割合を示したものです。**学習定着率は高ければ高いほど、短い時間で効率よく学習内容を頭に定着できることを示します。**

根拠となるのは、アメリカ国立訓練研究所（National Training Laboratories）が発表した**「ラーニングピラミッド（平均学習定着率）」**です。ラーニングピラミッドでは、勉強方法の違いによる「学習定着率」の差が示されています。このピラミッドを見ると「どの方法で勉強すれば、学んだことを忘れずに覚えていられるか？」が一目瞭然です。

もっとも学習定着率が低いのが、実は「講義を受ける」という学習スタイルです。その学習定着率は「5％」しかありません。つまり、一般的な塾で行われている講義スタイルの授業は、学習定着率の観点から、効率的な授業方法ではないといえます。

一方、最も学習定着率が高いのは「人に教える・説明する」という手法です。

【ラーニングピラミッド（平均学習定着率）】

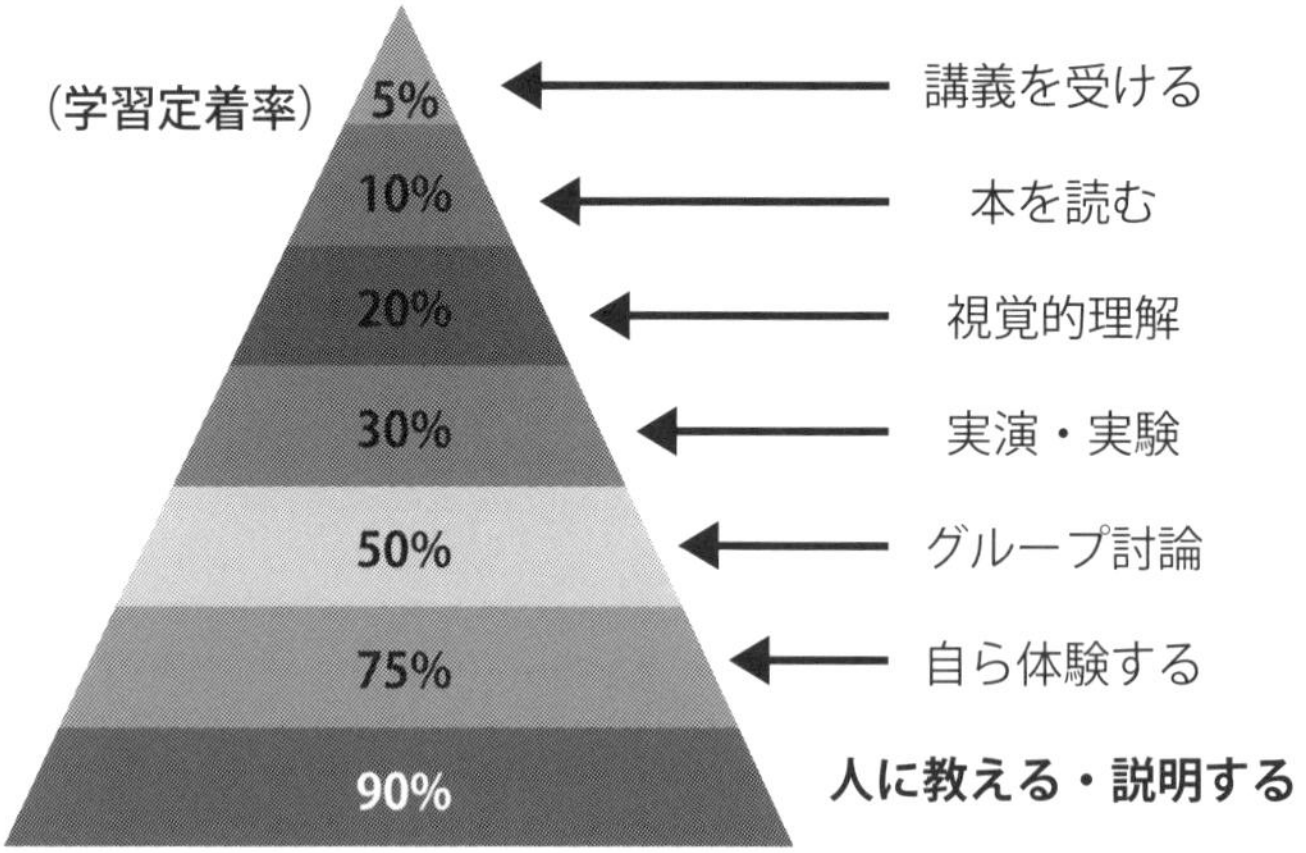

●出典：アメリカ国立訓練研究所（National Training Laboratories）

その学習定着率は、驚異の「90％」。つまり、学んだことを〝聞きっぱなし〟にせず、誰かに教えることで、自分の頭にしっかりと定着させられるということです。

私の塾では、このラーニングピラミッドを参考に、「教えすぎない授業」を実践しています。つまり「インプット：アウトプット＝３：７」の比率を守った授業の実践です。恐らく、この授業スタイルを実際に取り入れている塾は、日本全国で当塾だけだと思います。

この授業スタイルは、〝脳のハードな筋トレ〟になることから「A・O・ラーニング（アグレッシブ・アウトプット・ラーニング＝積極的なアウトプット重視の学習法）」と名づけました。

早慶ゼロワンで実践している「A・O・ラーニング」には、大きく分けて３つの特徴があります。

早慶ゼロワンの授業スタイル「A・O・ラーニング」3つの特徴

1・「インプット：アウトプット＝3：7」の〝教えすぎない授業〟を行う

問題を解いたら「どうやって解いたの？」「なぜ、この答えを選んだの？」などと質問し、先生に解法や答えを選んだ理由を説明させる「アウトプット」を重視します。

2・授業前に「今日の授業で『大事なこと』を教えてね」と伝える

子どもたちには、授業のポイントを授業の終わりに話してもらいます。その約束をすることで、「授業で学んだことを先生に伝えなければならない」という意識が働き、授業への集中力が一気に高まります。また、自分の言葉で伝える必要があるため、学んだことを、頭でしっかり整理する習慣が身につきます。その習慣が、日々の授業の学習定着率向上につながります。

3・授業前に「授業の重要ポイントを『3つ』教えてね」と伝える

「A・O・ラーニング」に慣れてきた子には、少しハードルを上げます。例えば、授業のポイントを1つだけでなく「3つ」に増やします。そして、何を学んだのかを説明してもらいます。この作業を完遂するには「重要度の高いポイント／そうでないポイント」を整理したり、取捨選択したうえで、論理的に説明する必要があります。そのため、より一層、学習定着率が高まります。

ぜひ、参考にしてみてください。早慶ゼロワンの合格率・合格実績を大きく支えているのは、この学習法といっても過言ではないからです。

●まとめ
教えすぎない学習スタイル「A・O・ラーニング」で、学習定着率は18倍になる

◆〝分かち合うことの大切さ・喜び〟を知った子どもたち

私は、子どもたちに「勉強を苦手にしているお友達に、ポイントになるところや、問題の解き方を教えてあげたらどうかな？」と提案しています。つまり、塾だけでなく、学校でも、A・O・ラーニングを実践することをすすめているのです。

言うまでもないことですが、クラスメイトが理解できるように、問題の解き方を教えてあげることで、学習定着率が上がります。しかし、メリットは、それだけではありません。**自分の持っている知識を、惜しみなく友人と分かち合い、人の力になる経験を重ねることで、子ども自身が、人間的に大きく成長できるのです。**

まず、お友達に勉強を教えることで、勉強についていけないお子さんから「ありがとう。おかげで勉強がわかるようになったよ」と喜ばれます。感謝されることで、勉強を教えたお子さんは「自分は、人の役に立てる人間なんだ」ということに気づき、大きな喜びを得ます。

こうしたなかで、自分の持っている知識や能力を、惜しげなく人と「分かち合う心」

が、**自然と育まれていきます。**分かち合いの心を持っている人は、どんな人からも愛されます。他者から愛される人間は、どんな厳しい時代になろうとも、周りからの応援を得られるため、力強く生き抜くことができます。だからこそ、幼い頃から、分かち合いの経験を積み重ねていくこと（＝徳を積む行い）が大切なのです。こういった理由から、私は、子どもたちに、学校でも「Ａ・Ｏ・ラーニング」を実践することを推奨しています。

このように、私の塾では「分かち合う心」を大切にする風土が根づいています。そのためでしょうか。塾の雰囲気は、ほどよい緊張感がありつつも、心地よい爽やかさがあります。休憩時間などには、仲間同士で、問題を出し合ったり、わからない問題を教え合ったりしています。互いに切磋琢磨し、高め合おうという気持ちが強いお子さんたちばかりです。甲子園を目指す高校球児のごとく「みんなで一緒に、第一志望校に合格しよう！」という、ポジティブな熱気に包まれているのです。

いがみあったり、相手を出し抜こうなどと考える子は一人もいません。誰もが「行き過ぎた競争」や「抜けがけ」を望まないため、ピリピリとした空気感がないのです。

普段、学校に登校できていないお子さんなどは、塾が開く13時すぎに入室して、自習しています。そのお子さんにとって、塾という場所が、自分自身のモチベーションを最高潮に高め、奮い立たせてくれる場になっているのかもしれません。家でも学校でもない〝第3の居場所〟として機能しているのだとしたら、それはとても喜ばしいことです。

学習においては「知り、わかり、やってみて、できる」が大切だと言われています。しかしそこまでの到達は、〝自己満足〟に過ぎません。**「できる」の先にある「分かち合う」に到達したとき、私たち人間は、一皮も二皮も、大きく成長できるのです。**

誰かと分かち合うのが当たり前になると、人間として優しくなったり、人に対して「感謝の心」を持てるようになるんですよね。それは、誰かと分かち合うことを通じて、自分の心が福々とした幸せな気持ちで満たされるからなんだと思います。

塾生の親御さまから、こんな言葉をいただいたことがあります。

「早慶ゼロワンに入って一番よかったのは、子どもが『感謝をすることの大切さ』を学んでくれたことです」

私は、親御さまからかけていただいたこの言葉を、一生忘れないと思います。合格することは一つの目標ですが、絶対ではありません。塾という場所で、人間的に成長できることこそが、お子さんと親御さまにとって、一生ものの宝物なのです。

●まとめ
分かち合いの先に「さらなる成長の種」が眠っている

◆黄金の人数比率は「先生：生徒＝1：3」

教えすぎない学習スタイル「A・O・ラーニング」を実践するうえで、欠かせないことが1つあります。それは、授業の人数比率を「先生：生徒＝1：3」にするということです。

もしかしたら、ここで、一つの疑問が生まれた方もいるかもしれませんね。それは、次のような疑問です。

「1：1の個別指導の方が成績が上がりやすいんじゃないの？」

「先生：生徒＝1：1」の個別指導ならば、先生を独り占めできるからです。実際、大手進学塾の集団授業についていけない場合、予算が許すならば「1：1の個別指導塾に入れなくては」と考える親御さまが多いです。

しかし、ここには多くの人が気づかずに見落としている〝落とし穴〟があります。それは、先生が教えすぎることで、子どもの「考える力」を奪ってしまうということです。

先生を独り占めできるということは、その場で「何でも聞き放題」です。わからないことがあっても、先生に聞けば、その場で難なく解決できるため、自分で考えなくなってしまいます。それでは、入試に必要な「思考力」が養われません。難関私立中学の突破は遠のいてしまうでしょう。難関校ほど「考える力」を持ったお子さんを求めており、その傾向は入試問題にも顕著だからです。

一方、「先生：生徒＝1：3」の授業の場合、先生が、一人のお子さんにアウトプットさせている間に、ほかのお子さんは、一人でじっくりと問題と向き合います。授業時間のなかに、この考える時間が「余白」として存在することで、自分の頭で考える機会が生まれます。能動的に頭を働かせ、脳に汗をかく時間こそが、子どもたちの学力や一生ものの思考力を育むうえで欠かせないことだと、私は考えています。

大学受験の「大学入学共通テスト」を筆頭に、思考力重視の入試問題が急増しています。それは、中学受験も例外ではありません。多くの私立中学校では「部分点」を与えていると言われています。また、解答までのプロセスを重視する学校は、受験生の解き方のプロセスから、思考力をみているとも考えられます。

このように、ごく普通のお子さんも、丸暗記だけでは太刀打ちできない問題に立ち向かわなければならない時代だからこそ、アウトプットの機会を増やす「先生：生徒＝1：3」授業の重要性が増してきているように感じてなりません。

●まとめ
子どもの考える力を養う「先生：生徒＝1：3」の授業

◆子どもの「考える力」を養う「魔法の質問」とは？

塾の基本指針はA・O・ラーニングですが、自分の言葉で意見をまとめられないお子さんも少なからずいらっしゃいます。考える力が乏しかったり、自分の意見を言葉にできない場合、日頃から親御さまが先回りして答えを出したり、テキパキと物事を進めてしまうご家庭である場合が多いように感じます。

そういった場合、面談で親御さまに**「ご家庭で、お子さんの意見や考えを聞く機会を増やしてみてください」**とお伝えしています。毎日の生活のなかで、考える習慣を持つことで「学習定着率」が上がるだけでなく、入試の突破に必要な「思考力」もグングン育つからです。

なぜ、思考力を育てる必要があるのでしょうか。それは、実際の入試のなかでも、学校側から〝あるメッセージ〟が発信されているからです。それは**「今、世の中で起こっている社会問題に対して、自分の頭でしっかり考え、向き合ってほしい」というメッセージです。**その傾向は、昨今の中学入試において、顕著になっています。

以下は、２０２３年に早稲田大学の系属校である「早稲田中学校」で出題された社会の入試問題です。ご覧いただくとわかる通り、「フードロス」に関する問題が出題されています。「食料問題」に関する関心がなければ答えにくい問題です。大人でも、日頃からニュースに触れていたり、社会問題に関心がなければ、正答できない難問ではないでしょうか。

【早稲田中学校の入試問題（2023年・社会)】

昨年、「国連環境開発会議（地球サミット）」が開催されてから30年が経ちました。2015年の「国連持続可能な開発サミット」では、2030年までに持続可能でよりよい世界を目指す国際目標「SDGs」が採択されました。このSDGsに関する次の各問に答えなさい。

(1) 最近、コンビニエンス・ストアやスーパーでAのようなポップをよく目にします。これによって、政府はどのようなことを目指しているのか答えなさい。

A

２０５０年には、全世界の人口が１００億人になることが予想されているなかで、フードロス対策は喫緊の課題です。**この入試問題からは「あなたにも、食料問題について、自分の頭で考えてほしい」というメッセージが読み取れますね。**世の中について興味関心を持ち、自分の言葉で意見が述べられるようになることは、難関試験を突破するうえでも、大いにプラスに働くといえるのです。

世の中に対する興味関心が高まるなかで、知的好奇心もグングン高まっていきます。勉強することに楽しみを見出せるようになれば、入試も難なく突破できるでしょう。何より、知的好奇心にあふれ、世の中のために尽くしたいと考える子に育っていくことは、教育事業に携わる一人の人間として、何物にも代えがたい喜びです。

さて、子どもたちが「考える力」をつけるためには、日頃から、どんな質問を行ったらいいでしょうか。結論をいえば、簡単な質問から始めてみましょう。例えば、親子でニュースを見ながら**「このニュースについて、どう思った？」**と質問するのがおすすめです。単純な感想を聞く質問であったとしても、回答するには頭をフル稼働させないと答えられません。その考えるプロセスが、思考力を鍛えるのに役立つのです。

そのうち、自分の考えをアウトプットするのが、楽しくなっていきます。楽しくなれば、入試に必要な地頭を手に入れられたも同然の状態になります。親御さまも楽しみながら取り組めるのが一番いいですね。

ニュースと絡めた「思考力を鍛える質問」のパターンは、ほかにもあります。いくつかの事例を挙げましたので、参考にしてみてください。伸び悩んでいる子がいたら、面談で親御さまにご案内してみてくださいね。

家庭でできる！「考える力」を伸ばす「魔法の質問」

●【フードロス問題】コンビニで「てまえどり」の啓発ポップをみた場合

「こんなポップがあるんだね。どうしてコンビニは『手前取り』をお願いしていると思う？」

「消費期限が切れたコンビニ弁当は、売ることができないから廃棄されちゃうんだよ。それについてどう思う？」

「これから、人口がどんどん増えていくと、食料が足りなくなるかもしれないよね。そうしたら、どうなると思う？」

●【商品の値上げ問題】スーパーで商品の「値上がり」をみた場合

「いつも買っているお菓子の値段が上がったね。どうしてこんなことが起こったのか知っている？」

「値段は変わらず、分量だけ減らしているお菓子メーカーもあるんだよ。なんで、据え置き価格で売ろうと考えたと思う？」

「このまま、食料品の値上がりが続くと、どんな困ったことが起こるだろう？」

●まとめ

「このニュースについてどう思う？」は、子どもの思考力を養う魔法の質問

◆2度の復習で理解度が倍になる！「ダブルリピート学習法」

学習定着率をアップできるメソッドがほかにもあります。

名づけて「ダブルリピート学習法」です。

ダブルリピート学習法とは、短期間のうちに2回、復習することによって、学習定着率を劇的に高める学習法のことです。最大の特徴が**「授業中に1回目、その日のうちに自習室で2回目の復習を行う」**という点です。

この学習法では、まず先生が、解説をしながらホワイトボードに、生徒が書き写すべき内容を書き記します。このとき、子どもたちには「聞くこと」に集中してもらいます。そのため、鉛筆などの筆記用具は持たせません。

その後、子どもたちにはノートを写してもらいますが、**ただノートを写すのではなく、先生が解説したことを頭の中でリピートしながらノートに写してもらいます。これが1回目の復習となります。**

先生による解説が終わり「耳からのインプット」ができたところで、ノートに写すように指示を出します。子どもたちに伝えるのは「ホワイトボードの内容を、ノートに写してください」という1点のみです。

子どもたちには一つひとつの作業に徹してもらうため、ノートに写している時間が「1回目の復習」と同じくらいの効果が得られます。これが、ノートに写すタイミングを、1回目の「復習」としてカウントできる理由です。

2回目の復習は「自習室での学習」です。塾で習ったことは、その日のうちに、塾で定着させます。これが「2回目の復習」になります。

このように「解説を聞く」「ホワイトボードの内容をノートに写す」というステップを、一つひとつ行っていきます。子どもたちに対して「1つの指示」だけ行うのです。一般的な塾のように、先生の話とノートの書き取りが同時進行ではないため、学習定着率が大幅に向上します。これが、ダブルリピート学習法で得られる最大のメリットです。

「ダブルリピート学習法」にはもう一つメリットがあります。それは、ノートの書き写しに集中できるため、後から見たときに**「押さえておくべき要点がまとまったわかりやすいノート」を作ることができる**という点です。**このノートが、自分だけの〝参考書〟になり、子どもたちを合格に導く〝お守り〟になります。**

わからないことがあったら、自分のノートを見返せばいい。いつでも何度でも、授業の記憶を呼び戻せる——それは、子どもたちにとって、大きな安心材料にもなります。授業を聞きながら、ノートを取るのが、まだまだ難しい子どもだからこそ「1ステップごとに1つの指示」に徹することが大切です。

以上の通り、短いスパンで2回の復習ができ、学習定着率が高まり、お守りとなるようなノートも作れるのが「ダブルリピート学習法」です。この手法で授業を進めれば、子どもたちは、階段を一段一段上っていくように、学んだ知識を、着実に自分のものにすることができます。

●まとめ
授業中に1回目の復習ができる「ダブルリピート学習法」

◆塾オリジナルの「宿題管理表」で「宿題完了率100％」に！

個人差があるものの、中学受験では、誰に言われなくとも、サボらずに塾に行く子がほとんどです。授業が始まれば集中し、授業をしっかり聞こうとする子がほとんどです。

一方、「自己管理」については異なります。例えば、「今日は算数のテキストの５ページ目から７ページ目まで解く」といった宿題が出されたとき、自分を律して宿題を終わらせてくる子もいますが、そうでない子もいるのが実情です。

とりわけ、出された宿題が苦手科目だった場合、なかなか着手できず、何もやらないまま済ませてしまう子もいます。気の重たい仕事に手が伸びず、可能な限り、先延ばししようとしてしまうのは、小学生も大人も同じなのです。

しかし、志望校に合格したいならば、授業だけでなく、出された宿題もきっちりと完了させることが大切です。授業を受けつつ、コツコツと宿題をこなしていくことが、子どもたちの学力の土台になります。

それでは、自己マネジメントが難しい年頃の子どもたちの宿題管理は、どのように行うのがベストでしょうか。人によって、さまざまなやり方があると思いますが、当塾では**「オリジナルの宿題管理表」**を活用しています。

この宿題管理表の横軸には、月曜日～日曜日までの「1週間」が並んでいます。縦軸には、学校の登校時間帯も含めて、朝から夜までの時間軸が刻まれています。この管理表のなかの「空白の時間帯」に、お子さんが行うべき宿題を記入します。

担当する先生が、科目別に宿題を記入することで「いつ、どの科目のどんな宿題をやればいいのか」が、一目瞭然になります。ただ単に宿題を出すのではなく「宿題をやるべき時間」まで細かく指定するのが、この管理表のポイントです。そうすることで、宿題の完了率がグンとアップするからです。苦手科目を避けることも減っていきます。また、宿題の管理を、お子さんや親御さま自身で行わなくてよいため、計画の作成に手間取らなくなります。時間を有効活用できるため、学習効率の向上につながるのです。もちろん、お子さんのストレス軽減にもつながります。この宿題管理表を活用し、宿題完了率が上がっていけば、成績もグングン伸びていきます。

早慶ゼロワンでは、宿題管理表の責任者として教室長をアサインしています。教室長の指導のもと、授業を受け持つ先生が、宿題管理表の記入を行うのです。すべて手書きで、とてもアナログですが、毎週の宿題管理表が貯まり、分厚くなっていくなかで「これだけ、宿題をこなしてきたのだ」という達成感が味わえます。それが「自分はここまでやってきたんだ」という大きな自信にもつながります。

先生が手書きで、宿題管理表を作成することで、交換日記のような味わいも出てきます。アプリなどによる管理もできると思いますが、先生の思いが詰まった手書きのなかに、あたたかな愛情のようなものを、感じ取るお子さんもいるのではないでしょうか。この宿題管理表を導入することで、宿題をしっかりこなすお子さんが増えました。

苦手科目の勉強をついつい、後回しにしてしまう。どうしても、時間管理ができない。宿題を着手するまでに時間がかかってしまう。そんなお子さんには、宿題管理表を活用してみてください。

●まとめ
宿題管理表で「いつ、どの科目の、どんな宿題をやればいいのか」が一目瞭然

【「宿題管理表」の記入例】

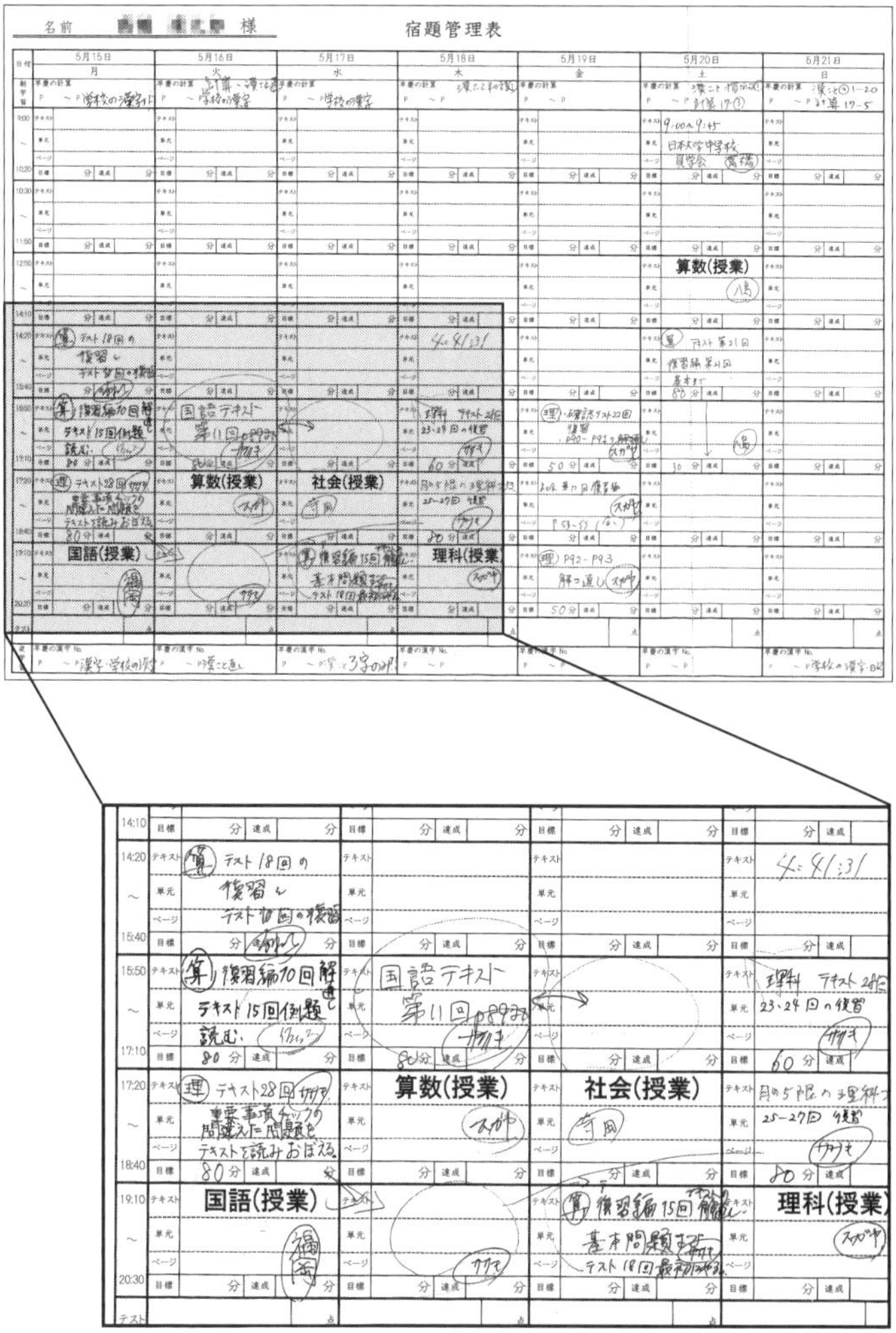

◆なぜ「3本締め暗記法」で知識の定着率が2倍になるのか?

昨今では、思考力を重視した問題が増えているものの「暗記」の比重もまだまだ大きいです。暗記問題の場合、覚えておけば得点になるため、コツコツと地道に取り組むことが大切です。その積み重ねが、志望校合格を後押しします。

暗記をする際に、押さえたいポイントは2つあります。一つずつみていきましょう。

知識の定着率が2倍になる! 暗記で心がけたい2つのポイント

1・見る/書く/話す・聞く

2・3本締め暗記法

1．見る／書く／話す・聞く

知識を定着させたいときに、ただ見て覚えようとするのはおすすめしません。**おすすめは「見る（視覚）／書く（触覚）／話す・聞く（聴覚）」を使って覚えること。**人間の五感を稼働させることで、定着率が上がります。

例えば、漢字を覚えたい場合。まずは、その漢字を見て、そのかたちの特徴や読み方を頭に刻みこみます。次に、覚えたい漢字を、鉛筆で紙に書きます。一つの漢字につき、3回くらい書くのがおすすめです。最後に、その漢字を声に出して読み上げてみてください。

見て「視覚」に刺激を与え、書いて「触覚」に刺激を与え、最後に音読することで「聴覚」に刺激を与えることができます。3つの感覚に刺激を与えることで、覚えたい知識に関するさまざまな情報が脳に刻み込まれます。その刺激が、暗記に役立ちます。

2. 3本締め暗記法

少し時間を空けて、繰り返し覚えるのも有効です。知識の定着率が上がるからです。

私の考案した「3本締め暗記法」では、覚えたい知識の暗記を「1セット：夜&翌朝」を2日おきに3回繰り返すのが基本です。

「忘れた頃にまた覚える」という作業を繰り返すなかで、確実に知識を定着させることができます。

まず、「見る／書く／話す・聞く」による暗記を「夜&翌朝」に行います。この「夜&翌朝」の取り組みで「1セット」となります。

【「3本締め暗記法」の取り組み例】

曜日	朝	夜		
月曜日		範囲①の暗記	→ 1セット目	合計3セット
火曜日	範囲①の暗記	範囲②の暗記		
水曜日	範囲②の暗記	範囲③の暗記		
木曜日	範囲③の暗記	範囲①の暗記	→ 2セット目	
金曜日	範囲①の暗記	範囲②の暗記		
土曜日	範囲②の暗記	範囲③の暗記		
日曜日	範囲③の暗記	範囲①～③のテスト	→ 3セット目	
月曜日	範囲①～③のテスト			

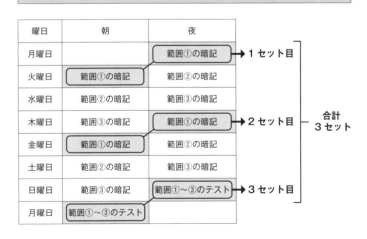

これを2日後にもう1セット行います。さらに2日後に、テストを行います。このテストも「夜&翌朝」で1セット行います。

これで、一つの範囲の暗記に「合計3セット」取り組むことができます。

大切なのは「時間を置いて複数回覚える」ということです。ぜひ、取り入れてみてください。

●まとめ
暗記は「3本締め暗記法」×「見る／書く／話す・聞く」で突破しよう

◆「入試は学校からのラブレター」だということ、知っていますか？

昨今の入試問題は、思考力を問う問題が増えているとお伝えしました。それは「自分の頭で考えられる子に入学してほしい」という想いがあるからです。これは学校側から発せられるメッセージですね。

ただし、中学入試において注意しなければならないのは、学校からのメッセージは一つではないということです。

私立中学校はそれぞれ、独自の「教育理念」を掲げています。その理念の〝実践者〟になってくれそうな子に入学してほしいと、強く願っています。**そのため、学校が掲げる「教育理念」に合致する人物かどうかも、中学入試を通じて見極めようとしているのです。**私立中学校が求めているのは「思考力」だけではないというわけですね。

そのため、私の塾では早い段階で、過去問を繰り返し解くことに注力しています。それは、**入試を突破できるようになるだけでなく、学校側の求める生徒像を理解するうえで役立つ**からです。

一例として、ここでも「早稲田中学校」を用いてご説明しましょう。この学校は、以下のような「教育目標」を掲げています。

早稲田中学校の「教育目標」

本校の教育目標は、常に誠を基本とする人格の養成に努め、個性を伸張して、国家社会に貢献し得る、健康で民主的な人材を育成することにあります。

「誠」

誠は人間としての基本となるべき心の持ち方であり、言行の一致に基づく誠意・真剣さなどとして発現されます。この精神は、本校創立にかかわった坪内逍遙により校訓として掲げられ、以来、本校の人間教育の根本精神となっています。

「個性」

本校においては、個性の立つべき根幹を独立・自主剛健においています。これは、創立者大隈重信の人格の主要な一面でもありました。本校はこうした個性の発揚・伸張をうながすことに努めています。

「有為の人材」

人間の資質は個人のためだけのものであってはなりません。他を活かし人類を益する人材の育成を本校は目指しています。

●出典：早稲田中学校・高等学校「教育目標」

早稲田中学校では、人間として基本となる誠実さと、その他大勢に埋もれない個性に加えて、世のため人のためにに動く利他の精神を持つ人物に育て上げることを、教育目標に掲げていると考えられます。

早稲田中学校が求めているのは、この教育目標に合致する学生です。そのため、入試では、こういった資質のあるお子さんなのかを見極めようと試みています。この点は、実際の問題をみて見ると、よくわかります。

2022年に、乾ルカさんの「明日の僕に風が吹く」を題材にした入試問題が出題されました。問題文の冒頭には、大まかなストーリーが記載されています。

「明日の僕に風が吹く」のあらすじ

主人公の「有人《ゆうと》」は、中学校のクラスメートが食物アレルギーによって倒れたときに助けようとして、人工呼吸を試みました。しかし、このときに行った人工呼吸は、意味をなさない処置でした。

そのため、一部始終をみていた友人から、有人は、軽蔑の言葉を浴びせられてしまいました。それから有人は、家にひきこもるように。

中学校を卒業後、有人は、叔父が常駐医として赴任している離島の高校に入学します。そんなある日、島にやってきた観光客の「小西さん」が発作を起こしました。


この書き出しの後に、小説文が続きます。小説文では、食物アレルギーによって発作を起こした小西さんに、緊急補助治療薬である「エピペン」を打つべきか否か、迷い揺れ動く「有人の心の動き」が、豊かに描かれています。

もしもまた、意味のない処置をしてしまったら、また周りから嘲笑されるかもしれない。恥をかくかもしれないなら、何もしない方がいいのではないか。有人は葛藤します。

そうしたなかで、他界した叔父の「川嶋先生」の声が、有人の脳裏に浮かびました。それは「未来の自分を想像してみないか」という声でした。悩んだ末、有人はエピペンを打つことを決意します。その判断のお陰で、小西さんは一命を取り留めることができました。

有人は、ひどく葛藤しながらも、最終的には、おのれの〝誠〟に従い、小西さんに対して救命処置をすることを決心したのです。

このような主題の本を取り扱うところに、早稲田中学校の想いが詰まっています。なぜならば、有人は「誠を基本とする人格」「他を活かし人類を益する人材」といった教育目標を体現した人物だからです。有人の勇気ある行動を肯定する学校側の考えが透けてみえてきます。

恥を捨てろ、失敗を恐れるな。目の前に困っている人がいるならば、最善を尽くして動け。

この問題文からは、そんな情熱的なメッセージが伝わってきます。本項のタイトルにある通り「入試は学校からのラブレター」です。過去問から発せられるメッセージを受け取り、学校が大切にしている心・精神を、より深く理解することが大切です。学校からのメッセージを正しく理解できるようになったとき、子どもたちは「合格の切符」を受け取ることができるのです。

●まとめ
「入試問題のメッセージ」に気づけるかが「中学受験」の肝になる

◆子どもの〝本氣度〟が150%になる！「未来合格体験記」

進学塾のホームページをのぞくと「合格体験記」を目にすることがあります。そこには、志望校に合格するまでの紆余曲折や、周りの人達への感謝の念がつづられています。合格を勝ち取るまでのストーリーには、グッと心を鷲づかみにされるものです。

私の塾では、ゴールデンウィーク前に、6年生の子どもたちに「〝未来〟合格体験記」を書かせています。合格する前に書く合格体験記なので、「未来合格体験記」と名づけました。一般的には、合格した後に書くものですから「どうしてそんなことをするのだろう？」と、不思議に思うかもしれませんね。

受験前に、合格体験記を書かせる理由は、「今の自分に足りないこと（＝現状とのギャップ）」が明確になり、メラメラとやる氣が湧き上がるようになるからです。未来合格体験記を書くと、第一志望校に合格した自分を、具体的かつリアルにイメージできるようになります。それが、最後の半年間を、2倍、3倍のパワーで走り抜けるための起爆剤になるのです。つまり、モチベーションアップに役立つ最高の取り組みが「未来合格体験記」というわけです。

言葉だけで説明しても、なかなかイメージが湧かないかもしれません。そのため、先に「未来合格体験記」の実物をお見せしたいと思います。こちらは「慶應義塾普通部」に合格した〝こうすけくん〟が書いた未来合格体験記です。

「未来合格体験記」の記載例

「あったよ！」

母の言葉で僕は合格を知った。

「ほんとうに！ほんとうなの！」

僕は何度も聞き返した。胸が熱くなって、うれしさが爆発した。


このとき僕は、努力は裏切らないことを証明できた。そして、先生たちとの約束を守ることができたのだ。

いまから1年前、僕は塾に通い始めた。慶應普通部に合格したかったからだ。野田代表と最初に面談したとき、「努力は裏切らない」と教えてもらった。そして、「これから1年間ちゃんと努力すること」、これを約束したのだ。

でも、僕は最初のうち、本当に慶應普通部に合格できるのかどうか、不安でいっぱいだった。あのときの僕の偏差値は10以上足りなかったからだ。そして、苦手の国語を克服しないと合格できないと思っていた。それに前の塾で、志望校を変えるように言われていたからだ。

しかし、入塾から2ヵ月後、最初の模擬試験で一気に偏差値が10ポイント伸びた。あのときはすごく驚いた。先生の言われたとおりにやっただけなのに、こんなに成績って上がるのかと信じられない思いだった。いままでの勉強はなんだったんだ？　あのときそう感じた。

それから、僕はいつも120%の努力をしたと思う。眠いときも、疲れていても、決めたことは必ずやっていた。漢字と計算は、夜15分、朝15分、休まずやった。だから、漢字と計算は自信がついた。

夜は10時半には必ず寝るようにした。朝は6時には必ず起きて朝勉強もした。

時間を決めて勉強すると集中できた。だから、先生方が書いてくれた宿題管理表は予定どおりに、これも絶対にさぼらずにやることができた。過去問演習も、ただやるだけでなくて、解き直しを大切にした。先生に言われた通り、同じミスを二度と繰り返さないように心がけて勉強した。解き直しノートも作って、復習を徹底してやった。僕は２０２０年４月から慶應普通部の塾生になるという自信がついた。苦手な国語だって、特に物語文の登場人物の気持ちがわかるようになったと思う。

２０２０年２月３日の合格発表、僕は慶應普通部に合格した。努力は絶対に裏切らなかった。皆様には、本当にお世話になりました。努力は裏切らないというのは本当でした。両親や周りの人たちに感謝すること大切さも学びました。これからも努力を続けて立派な大人になろうと思います。先生方のことはけっして忘れません。本当にありがとうございました。

合格体験記には「こんな山があった」「あんな谷があった」「けれども、こうやって乗り越えられた」という記述が必ずあるものです。そういった壁（障害）を、子どもたちが、自分自身の手で描き上げることで「今の自分に足りていない要素」が、おのずと見えてきます。その足りない努力を自覚させるのに有効なのが、未来合格体験記なのです。

未来合格体験記は、誰かに言われて書かせるのではなく、自分自身で書くのですから、内発的動機に基づいたものです。だから「もっと頑張ろう」と思い、最後の半年間に、信じられないようなパワーを引き出すことができます。これが、未来合格体験記を書くことで得られる大きなメリットです。

子どもたちに未来合格体験記を書いてもらう際に、注意したい点があります。それは「下準備をしてから書く」ということです。「未来合格体験記を書いてみよう」と言っても、いきなり書き上げるのは難しいです。そのため、未来合格体験記に書く内容を整理する「下準備のワーク」に取り組んでもらうのがおすすめです。それは、次に挙げるような質問に対して、自分の考えを書き出していくことです。以下では、一部のみご紹介しています。実際には24個の質問項目があり、その一つひとつに回答を書いてもらいます。

「未来合格体験記」の下準備ワーク（一部抜粋）

- ●あなたの第一志望校を書いてください。
- ●なぜ、その第一志望校に入りたいのですか？
- ●あなたの将来の夢や目標を書いてください。
- ●あなたが中学受験をする理由を書いてください。
- ●第一志望校の「合格発表」をみたあなたは、どんな様子ですか？
- ●合格発表を知ったとき、周りにいる人は誰だと思いますか？
- ●合格を知った周りの人たちは、あなたにどんな言葉をかけてくれましたか？
- ●第一志望校に合格したあなたは、どれくらい勉強ができますか？
- ●第一志望校に合格したあなたと今の自分は、どこが違いますか？
- ●第一志望校に合格するために「克服しなければならないこと」は何ですか？

下準備のワークを書き終えた段階で、受験に対する気持ちはメラメラと燃え上がっています。モチベーションが最高潮になっているため、このタイミングで未来合格体験記を作文してもらうのがベストです。

その際「合格した自分」になりきって書くように伝えてみてください。「理想の自分像」がクリアに浮かび上がってくるからです。**なりたい自分が見えてくると「今の自分」とのギャップに気づかされます。**

そして「今の自分に足りないもの」にも気づきます。それは、苦手科目を克服するための勉強時間や毎日の宿題への取り組みかもしれませんし「志望校に絶対に合格したい！」というモチベーションかもしれません。お子さんによって異なりますが、足りないものを自覚し、補う行動ができれば、志望校に合格することができます。

受験に対するモチベーションを一気に高められる点で「未来合格体験記」は非常に魅力的な取り組みだといえるでしょう。

興味深いことですが、この「未来合格体験記」を、鮮明に書き上げられたお子さんは、

ほぼ100%、第一志望校に合格しています。おまじないのように感じられるかもしれませんが、未来合格体験記は「魔法の書」といえるくらい、素晴らしい効果があるのです。

「予祝《よしゅく》」という言葉をお聞きになったことはありますか？　予祝とは「前祝」と同じような意味を持つ言葉です。「豊作」を祈願する儀礼として、日本各地で脈々と行われてきた慣習行事です。「期待する成果を模擬的に実演すると、その通りの結果が得られる」とする言い習わしがあります。その考えに基づいたものが「予祝」なのです。「未来合格体験記」は「予祝」に似た取り組みなのです。

「未来合格体験記」には、今の自分とのギャップに気づき、そのギャップを埋める努力に邁進できるようになる以外に、もう一つ大きな魅力があります。それは**「自分を応援してくれる周りの人たちの存在に気づけるようになる」**ということです。下準備のワークには、次に挙げる質問があります。

●合格発表を知ったとき、周りにいる人は誰だと思いますか?
●合格を知った周りの人たちは、あなたにどんな言葉をかけてくれましたか?

この質問への回答を書いているときに、自分を支えてくれる周りの人たちの顔が思い浮かびます。それは、塾で食べるお弁当を準備し、送り迎えをしてくれているお母さんやお父さんの顔。一生懸命、勉強を教えてくれる先生たちの顔。いつも笑顔で出迎えてくれる教室長の顔です。

周りの人たちの顔が、自然と脳裏に浮かび上がったとき、子どもたちは「いかに自分が励まされ、奮い立たされ、応援され、愛されているのか」に気づくことができます。それが、受験に対する情熱ややる氣のボルテージを最高潮に引き上げるきっかけになるのです。

中学受験は、ほかの誰でもない、子ども自身のための受験です。もしかしたら、最初のきっかけを与えたのは親御さまかもしれませんが、自分のための受験だということに気づかなければ、途中で燃料切れを起こしてしまいます。最後まで走り抜けるためには、自分のなかに「絶対に合格するんだ！」という熱い想いをたずさえることが大切です。

そして、自分を支えてくれる周りへの感謝の想いを新たにしたとき、子どもたちは想像以上の力を発揮します。そのきっかけを与えてくれるのが「未来合格体験記」なのです。

●まとめ
鮮明かつ具体的に「未来合格体験記」を書けた子どもの合格率は１００％

◆志望校の校門前で「笑顔いっぱいの自分」の写真を撮ろう

「未来合格体験記」と同じような効果が得られるのが「志望校の校門前で笑顔いっぱいの写真を撮る」ことです。学校説明会や文化祭などのシーズンになると、私は子どもたちに「学校の前で写真を撮ってきてね」とお伝えしています。

笑顔で写真を撮るのは「志望校に合格して喜んでいる自分」を疑似体験するためです。合格後の自分を疑似体験すると、とても不思議なことですが「自分が合格するのは当然なのだ」という気持ちになっていくのです。そのいい意味での思い込みが、受験に向かう気持ちを大きく奮い立たせてくれます。「合格後の自分」を想像するという点で、未来合格体験記に似た取り組みだといえますね。笑顔の写真は、学習机やリビング、ダイニングなど、目につくところに貼っておくと、より効果的です。

志望校の学校行事に参加する子には、お手洗いを使うことも推奨しています。「学校に到着したら、お手洗いも使ってくるんだよ」と伝えているのです。この取り組みも、その学校の生徒になった状態を疑似体験できるアクションです。「私は、その学校の生徒なのだ」という気持ちが高まることで、志望校に対する想いがより一層高まります。

結局のところ、最後は「絶対に合格するんだ！」という熱い想いがあり、そのため

の努力を貫き通せた子が、志望校に合格しています。ですから、いかにモチベーションを高められるかが大切だといえます。

未来合格体験記、志望校の校門前での写真撮影、お手洗いの利用。いずれも、早慶ゼロワンでは、子どもたちに必ずお願いしていることです。

●まとめ
「笑顔いっぱいの写真」で「合格」を本氣で信じられるようになる

◆「目的」と「目標」の違い、理解していますか？

「中学受験は、親の受験です。つらく険しい道のりが待っているかと思いますが、お母さんがどれだけ本氣になれるかが、お子さんの合格を左右します。ぜひ、サポートを頑張ってください」

これは、大手進学塾が、親御さまたちに伝える言葉です。親が一生懸命サポートしなければ、合格できないというわけです。こういった投げかけを受けた親御さまは、どんな気持ちになると思いますか？

「子どもが合格できるかは、母親の自分にかかっている。全力で支えてあげるしかない。できることは何でもサポートしなければ」

恐らく、こんなふうに、決心するのではないでしょうか。事実、進学塾によって奮い立たされることで、毎日、愛情たっぷりの手作り弁当を用意するようになった親御さまがいました。お子さんが夜遅くまで起きて勉強しているため、夜食を作ったり、一緒に寝ずにそばで応援する親御さまもいました。皆さん、それぞれのやり方で、お子さんを支え、全力で合格をサポートしようと、心を尽くすのです。

とりわけ大手進学塾に通わせる親御さまたちは、子どもの成績を上げるために「補習塾（個別指導塾）」に通わせるケースが少なくありません。大手進学塾では、成績順に「クラス分け」されていますが、どのクラスも「最難関のための授業」が実施されており、下位のクラスの子どもたちは難しすぎてついていけないからです。

例えば、サピックスでは「デイリーサピックス」、四谷大塚では「予習シリーズ」というテキストを用いています。いずれも、御三家などの最難関校に合格するためのテキストです。このテキストを、クラスに関係なく、すべてのお子さんが使っています。大学受験で例えるならば、大学受験生全員が東京大学や京都大学を目指している状態です。


ですから、授業についていけない子が出てしまうのも、無理はありません。そうしたなかで「授業についていけないままでは、志望校の合格が遠のいてしまう」と考えた親御さまたちが、大手進学塾とは別に高額な費用をかけて補習塾に通わせるのです。

このように、「親の努力＝どれだけ課金できるか？」にすり替わってしまうことが往々にしてあります。中学受験が「課金ゲーム」だと揶揄されている理由は、まさにここにあります。

ここで、あなたに考えていただきたいことが、一つあります。

そもそも**「中学受験は、親の受験なのか？」**ということです。

ほとんどの人が、この主張になんの疑問も抱かず「そうだ」と答えます。その事実に、何の疑問も挟まず、受け入れます。**しかし、「決してそうではないだろう」というのが、私の考えです。**


中学受験を始めるきっかけを、親御さまが与えることは少なくないでしょう。将来につながる良質な授業や、切磋琢磨しあえる学友との出会いなど、子どもの成長を後押しする環境が手に入るからです。

しかし、志望校を決めて、そのために努力し、受験するのは、ほかの誰でもない子ども自身です。中学受験は、あくまで、子どもが自分のために行うものです。それに気づけないまま、中学受験に向き合うと、苦しくつらい闘いを余儀なくされます。


中学受験は、自分の夢や将来のためにするものなんだ。

子どもたちには、そのことに、早いうちから気づかせることが非常に大切です。立ち止まったり、くじけそうになったときにも、自分の将来のために頑張っているのだと気づけば「なにくそ、負けるか！」と奮い立つことができるからです。

私は、親御さま自身にも、このことに気づいていただきたいと、常日頃から強く思っています。「中学受験する目的」の先に行きつくのは「子どもの幸せ」ですよね。子どもが実現したい夢を叶え、幸せになるための手段の一つに、中学受験があるに過ぎません。この事実に気づけたとき、中学受験は「つらい挑戦」から「前向きな挑戦」へと変化します。

大切なのは、中学受験を「やってよかったよね」「皆で成長できた1年間だったね」と、親子で振り返られるような数年間にすること。それをサポートするのが、個別指導塾の役目なのだと、私は考えています。

さて、子どもたちが「中学受験は自分のためにするものだ」と自覚するには、どうしたらいいでしょうか。

先に結論をいえば「中学受験の目的を設定すること」が最も大切です。「中学受験の目的」とは、次のようなものです。

中学受験の目的例

- 「サッカー強豪校」であるこの中学校に入って、思いっきり、サッカーをやり抜きたい！将来はサッカー選手として活躍したい。そのために、中学受験をするんだ
- この中学校の「美術部の作品」をみて、すごく感動した。私も美術部に入って、絵画や立体作品を作りたい。そして、全国入賞したい！　そのために、中学受験したい
- 将来、プログラマーになりたい。この中学校から進学できる大学は、プログラミングやロボット関係の授業が充実している。この大学の授業を受けたい。そのために、中学受験する

つまり「何のために中学受験をするのか？（＝中学校に入って、何をしたいから、この中学校を受けるのか？）」という問いに対して、自分なりの答えを設定することが「目的設定」です。

自分なりの考えを持って、目的設定できたお子さんは、多少のモチベーションの上がり下がりはあっても、最終的には、自分で自分を奮い立たせることができます。何度、くじけたり、つまずきそうになっても、再び立ち上がれるのです。それが、目的設定のすごさです。

「あなたの中学受験の目的は何ですか？」と聞くと「〇〇中学校に合格することです」というお子さんもいます。しかし、志望校に合格することは、目的ではありません。それは「目標」でしかありません。目標は、目的を成し遂げるために達成するもの〝一通過点〟です。どうしても「〇〇中学校に合格したい」というだけでは、仮に合格したとしても燃え尽きてしまいます。だからこそ「志望校に合格したい」という目標だけではなく、「何のために中学受験をするのか」という目的を設定することが大切なのです。

志望校に合格して、こんな夢を叶えたい。

それがはっきり見えてきたとき、子どもは、私たちが想像する以上の情熱とパワーを持って、中学受験に立ち向かえるようになりますよ。

余談ではありますが、これまで、幾度となく「うちの子にはやる氣がないんです……」「うちの子は勉強に向いていません!」と嘆く親御さまたちに出会ってきました。

しかし、こうした悩みは、すべて「誤解」です。どんなお子さんにも、必ずやる氣はあります。秘めたる才能も持っています。ただ、自分の目的が見えておらず、なんのために頑張るのか、わからなくなっているだけなのです。つまり、目的設定ができていないだけなのです。

自分だけの目的が見つかれば、やる氣や才能がないように見えていたお子さんも、見違えるようにガラリと変わります。だから、決してあきらめる必要はありません。

やる氣の火が小さくなったお子さんには、「どうして、中学受験をしようと思ったんだっけ？」と聞いてあげてください。教えるのではなく、子どもが自ら、答えにたどり着けるよう、質問することが大切です。内なる自分と向き合い、対話を始めれば、再び立ち上がることができます。塾や先生が行うべきサポートは、質問をすることだけでいいのです。ぜひ、そのことを、覚えておいていただけましたら嬉しいです。

●まとめ
志望校合格のカギを握るのは「何のために受験をするのか」の問い

◆「自分の言葉」で想いを伝えることの大切さ

受験の目的（＝なんのために受験するのか）を自覚した子どもは、やる氣のスイッチが入り、受験に対して本氣モードになります。この「何のためにするのか」を踏まえたうえで、勉強に向かうことが大切です。ですから、塾講師を務めてくださる先生方にも「今日の授業は、今後にどう役に立つのか」「今日の授業の目的は何なのか」を、子どもたちに伝えてほしいとお話ししています。

特に大切なのが「この80分の授業で、先生は、子どもたちにどう変わってほしいのか?」を授業前に伝えることです。

この授業では、こんなことを習得してほしい。
授業で学んだことを、実際の入試では、こうやって生かしてほしい。
この授業を学んだことで、君は、こんなに成長できるんだよ。

そういったメッセージを伝えたうえで授業を始めると、子どもたちの目の色がガラッと変わります。イキイキと、やる氣いっぱいの表情に一変するのです。こういう先生の授業は、一味も二味も違います。「子どもたちに成長してほしい」という想いが伝わるからでしょうか。心地よく、爽やかな熱気を帯びた授業になるんですよね。こういった先生は、子どもたちの成績を伸ばすのも、とても上手です。

少なくとも、80分の授業を受ければ、知らなかったことが、新たな知識になり、わからなかったことが理解できるようになります。つまり、できなかった自分が「できる自分」に変わります。必ず、80分後の自分は、80分前の自分とは違うんです。それって、ものすごい成功体験ですよね。だから「80分の授業で、子どもたちがどう成長できるのか」を、子どもたちにもしっかりと言葉で伝えることが大切なのです。子どもたちの力になりたいという熱い想いは、必ず伝わります。

もう一つ、先生方に大切にしてほしいことがあります。それは**「自己開示を行うこと」**です。自己開示とは、自分自身の考えや想いを、意図を込めることなく〝ありのままに〟言葉で伝えることです。

子どもたちのやる氣というのは、ある意味、先生に対する「信頼」や、先生の考え方に対する「絶対的な共感」がないと、湧き上がりません。その信頼感は、子どもたちがどれだけ先生のパーソナリティを理解しているのかにかかっています。そのため**「どれだけ自分自身をさらけ出せるか？」**が重要になるのです。

具体的には、どれだけ生徒たちを応援しているか、どれだけ、君たちの合格を願っているかを、本音の言葉で、子どもたちに伝えることです。先生の心のなかにある「熱い想い」に共感したとき、子どもたちは本氣で授業に向き合うようになります。

先生は、君たちを本氣で合格させたい。君の願いを叶えるため、全力で応援するからね！

塾講師をやっていた頃は、こんなことを子どもたちに伝えていました。先生だからと言って、かっこつける必要は一切ありません。先生自身も、子どもたちに対する自分の想いを言葉でしっかりと伝えることが大切だと、私は考えています。

●まとめ
裸の自分でぶつかる「本氣の言葉」が、子どもの目の色をガラリと変える

◆中学受験に欠かせない「自己肯定感」とは？

自己肯定感とは、ありのままの「今の自分」を受け入れる心持ちのことです。感覚的には「今の自分のことが好きだ」「自分って、結構いけていると思う」と感じるような心だと言い換えられます。

自己肯定感は、中学受験に立ち向かう子どもたちこそ、育むべき〝心〟です。なぜならば、「自己肯定感」がないと「自己実現欲求」が芽生えないからです。

「マズローの欲求5段階説」をお聞きになったことはありますか？　これは、人間の欲求には5つの段階があることを示した説です。

自己実現欲求とは、中学受験にチャレンジしたり、将来の夢を叶えたいと思うなど「さらなる高みを目指したい」と考える欲求のことです。自分が満足できる自分になりたいと思う心持ちのことですね。

この気持ちがあると、中学受験という大きな壁を突破する際に役立ちます。加えて、志望校に合格した後も、燃え尽きず、自分の夢や、やりたかったことに向かって、全力で走り続けることができます。

「マズローの欲求5段階説」で、土台になるのが**「生理的欲求」**です。生理的欲求とは「食事」や「睡眠」など、人間が生きていくうえで基本となる本能的な欲求です。まずは、この「生理的欲求」が満たされないと、次なる階層の欲求は生まれないと、マズローは考えています。階段をのぼるように、一つの欲求が芽生えなければ、次の欲求は生まれないということです。

例えば、「安全欲求（＝心身ともに安心できる環境で暮らしたいという欲求）」を

【「マズローの欲求５段階説」のピラミッド】

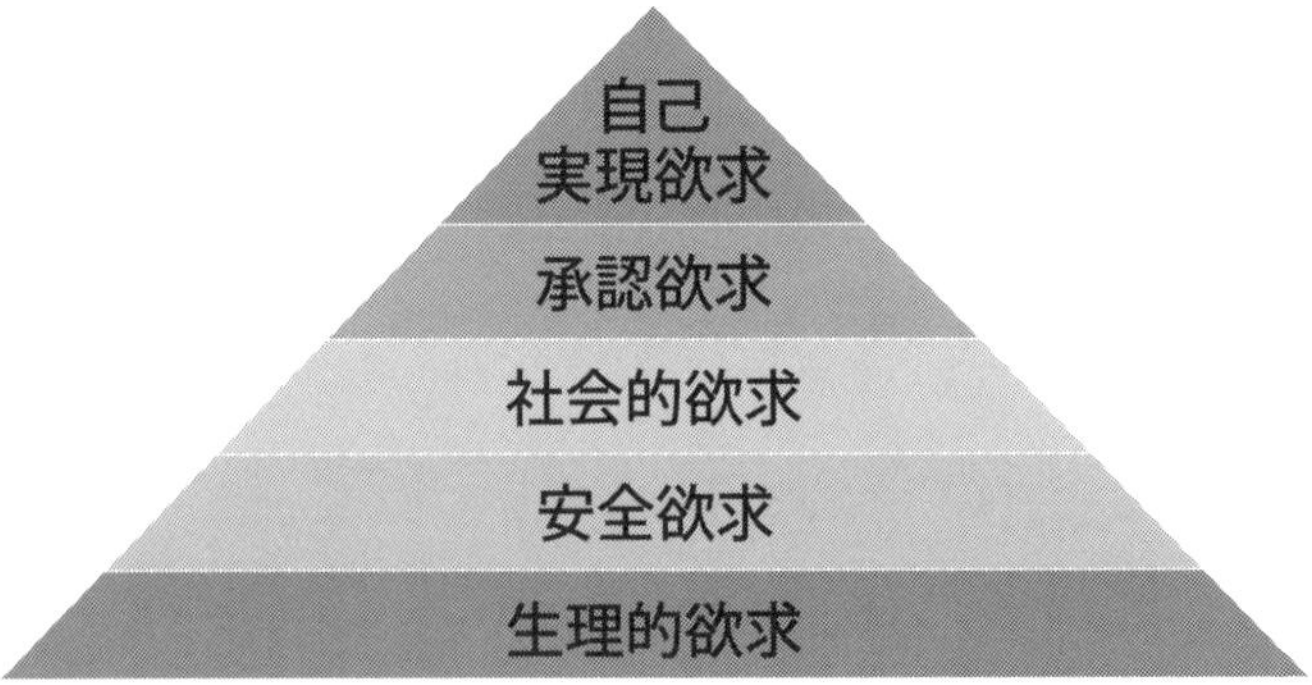

飛び越えて、ピラミッドの中段にある「社会的欲求（＝集団に所属したいという欲求）」が生まれたり、ピラミッドの最上位にある「自己実現欲求（＝自分が満足できる自分になりたいという欲求）」が生まれることは決してありません。

このピラミッドのうち、最上位から2番目が**「承認欲求」**です。**承認欲求とは、自分の内面を満たしたいと考える心持ちのことです。**つまり「自分には価値があると感じたい」「自分自身を愛したい」という感情です。**この段階にある人＝「自己肯定感が高い人」だと考えられます。**

「承認欲求」の階段にない（＝自己肯定感のない）人は、自己実現欲求が生まれません。つまり「志望校に合格して、サッカーを頑張りたい」など、自己実現のための夢を描くことはできません。だからこそ、中学受験においては「自己肯定感」を育むことが最も大切なのです。

では、子どもの自己肯定感を高めるために、どんなことをしたらいいでしょうか。

一つは**「承認」**です。つまり、子どもの頑張りをたたえ、認めてあげることですね。**この承認の繰り返しによって、自己肯定感が高まっていけば、こちらがとやかく言わなくても、自ら勉強する子になります。つまり最上位の欲求である「自己実現欲求」が生まれる段階にステップアップするということです。**そうなれば、志望校合格も間違いなしです。志望校合格後も、自分の夢に向かって、走り続けることができるでしょう。

余談ですが、マズローは晩年に、「第6階層」の欲求があることを明らかにしています。それは**「自己超越欲求」**です。

自己超越欲求とは、ほかの誰かを喜ばせたい、社会で困っている人を助けたい、世の中をよくしたいなど、他者や社会に貢献したいと思う欲求のことです。

第5階層の「自己実現欲求」までは、ある意味、自己満足に過ぎません。その先にある「自己超越欲求」に到達できたときに初めて、利他の精神をたずさえた素晴らしい人間になれるのだと、私は信じています。

そのため、塾でも**「分かち合いの大切さ」**を伝えています。具体的には、既にお伝えの通り、授業がわからない子に教えることを推奨しています。

塾という学び舎での経験を通じて、子どもたちには「自己超越欲求」の階層に立ち、「分かち合いの心」を持った人になってほしいと、心から願っています。

●まとめ
中学受験を乗り切り、人生を切り開くカギになるのは「自己肯定感」である

◆人生のチャンスは中学受験だけではない！

中学受験においては、承認の繰り返しにより、自己承認欲求を高めることが大切です。

しかし、１点、注意したいことがあります。

それは、先生がいくら種まきをしても、中学受験に前向きになれないお子さんもいるということです。中学受験をする意味や目的が見いだせないのでしょう。そのお子さんにとって、タイミングではないのですから、無理やり、受験に向かわせるのは酷です。お子さんとよく話し合って、今後どうするのかを、よくよく話し合うことが大切です。

忘れてはならないのは、どんな子にも、燦然《さんぜん》と輝く素晴らしい才能があるという事実です。それが小学6年生の時点では埋もれ、隠れてしまっているだけなのです。そういったことが、よくあります。いわゆる「潜在《せんざい》能力」というものですね。ですから、お子さんが中学受験に前向きになれなかったとしても、決してそれで、試合終了ではありません。

小学6年生のうちに見えている「顕在《けんざい》能力」など、たかが知れています。まだ12歳なんですから。論理的思考の発達していない子なんて、いくらでもいます。小学生までの成績など、まったくあてになりません。

私なんかは、本当にひどいものでした。学校の授業はおろか、宿題もほとんどせず、家にも帰らず、ひたすら遊びに没頭する野生児のようでした。美容院を経営する母親からは「毎日、野球ばっかりしているんだから……」と、何度、ため息をつかれたかわかりません。地元の野球チームに入り、ピッチャーをやっていたのですが、球が速くて重いものの、コントロールがものすごく悪かったので、どうしようもありませんでした。「おまえに任せると危なっかしい」ということで、最終的にはキャッチャーをやっていました。

自分のことをダメだと思っていた私に、転機が訪れたのは、中学1年生のときです。偏差値が出る試験を受けたのですが、そのときの偏差値が56だったので、真ん中よりもやや上だったんですね。そのときに、自分はダメじゃないんだと思えました。そこから、自己実現欲求が芽生えたように思えます。もっといろんなことを学びたい。勉強して賢い人間になりたい。そんなふうに思うようになりました。私の場合、眠っていた潜在能力を開花させるきっかけは、中学1年生で受けた学力試験だったのです。

子どもの潜在能力が目覚めるタイミングがいつ訪れるのかはわかりません。どうしても、その時点での能力で推し量れば、中学受験に向かない子がいるのが、確かな事実です。だから、こういっては何ですが、合格することに、心をすり減らすほど固執する必要はないと、私は思っています。

人間が持つ潜在能力は〝2万倍〟などとも言われています。じっくり焦らず、芽が出るその好機を待つことが大切です。人生を豊かにするチャンスは、決して中学受験だけではないのですから。

●まとめ
人間が持つ潜在能力は〝2万倍〟！　芽が出るタイミングは「十人十色」

●合格体験記①：〝問題児だった〟と自認する〝そうまくん〟の場合

ご自身のことを〝問題児だった〟と自認する〝そうまくん〟。当塾に転塾してからは、グングンと成長し、志望校への合格を果たしました。

【合格校】
●早稲田中学校
●早稲田大学系属早稲田佐賀中学校
●学習院中等科

僕は宿題をろくにしない〝問題児〟で、毎日と言っていい位に怒られていました。そのため、4年生の頃に築いていたマージンは徐々になくなっていき、同級生たちに追いつかれることになりました。

一番大変だったことは、不得意だった算数の点数を上げることでした。とても険しい道程でしたが、先生にしっかりとバックアップして頂いたので、早稲田中学校に合格できるレベルまでに力がついたのだと思います。

この中学受験で、「勉強の仕方」というものが学べました。中学校では勉強とスポーツを両立させ、楽しい生活をしたいと思います。

【親御さまからのメッセージ】

勤勉ではない息子に講義式の塾は合わないのではないかと考えていた頃、たまたま野田先生の著書に出会い、塾を訪ねました。先生方の対応が好印象だったこと、息子に「学ぶということ」や「学習の仕方」、今の実力より少し高いところを目指して「壁を超えること」を学ばせていただける場所だと思い、入会を決めました。

家で机に向かうことが大嫌い、やりたくないことを「やらない」意志が非常に強く、宿題を全くやらない厄介な息子を本当に熱心にご指導いただき、最後にはなんとか「受験生」にしていただきました。

問題集をやらないならテスト方式で、家でやらないなら自習時間を作ってと、様々な工夫をしていただきながら、受験に向かう心構えを説き続けていただいたこと、個別指導のメリットを存分に受けられたと思っています。

●合格体験記②：「中学受験撤退」まで考えた〝かずほくん〟の場合

別の進学塾で自信を失い、中学受験をやめる寸前だったという〝かずほくん〟。当塾に転塾してからは、メキメキと自信を取り戻し、第一志望校に見事合格しました。

【合格校】
- ●慶應義塾中等部
- ●芝浦工業大学付属中学校
- ●早稲田大学系属早稲田佐賀中学校
- ●佐久長聖中学校

ぼくは初め、慶應義塾中等部に行きたいという気持ちがうすかったです。しかし、先生たちと関わり、本当に行きたいのかを考え、展覧会に行き、学校説明会に行くことで、慶應中等部に行きたい気持ちが高まってきて、絶対に行きたいと思うようになりました。そうすると決心がかたくなり、必死に勉強するようになりました。この経験を通して中学受験の第一関門は本当に行きたいかどうかなのだな、と思いました。

とにかく時間はありました。塾へは早くから行って、遅くに帰っていました。なので勉強するなかで得られた物は多かったと思います。

ぼくの中で一番苦戦したのは漢字です。本当にきらいでこまっていました。そんな中、先生達が助けてくださったので、とてもよかったです。担任の先生には、たくさん教えてもらったことがあります。

鈴木先生には自分の弱点、勉強の面だけでなく、精神的な面などの部分について向き合うようにしてくれました。大塚先生はきらいだと思っていた国語を好きかなと思うようにしてくれました。石井先生は学習の面でどのように取り組んだらいいかなど教えてくれました。中島先生はメンタルの面ではげましたり、聞いてくれたりしました。

【親御さまからのメッセージ】

子供はもともと大手塾に通っていました。４年生の頃にはかなり良い成績まで上がったのですが、その後、下降してしまい、子供が自信をなくしてしまいました。その上、親の私があせって不安になり、大量の宿題を取捨選択できずに全てを無理にやらせようとして、ますます子供のモチベーションを下げてしまいました。

行き詰って、塾だけでなく中学受験自体を辞めさせようかと悩んでいたところ、偶然インターネットで塾を見つけ、すがるような思いで入会を申し込みました。

先生方は自信もやる気もなくしていた子供に根気よくつき合ってくださいました。受験直前、子供はスケジュール帳に先生方、家族への感謝の気持ちとともに「ぼくへ　よくがんばった。受験の結果とは別にぼくは合格だと思う。」と記していました。

先生方の働きかけのなかで、いつの間にか、親に従っての受験ではなく、子供自身のための受験になっていました。子供が自分なりに精いっぱい頑張れたという気持ちを持てるよう関わって下さったこと、本当に感謝しております。

先生方のご指導のおかげで幸いにも第一志望校に合格することができました。あの時、受験をやめさせなくて良かった、塾にお任せして良かったと思っております。本当にありがとうございました。

●合格体験記③：理系科目が〝大の苦手〟だった〝はなさん〟の場合

理系科目がとても苦手だった〝はなさん〟。大手進学塾から当塾に転塾後は、苦手克服にも力を入れ、見事「第一志望校合格」を果たしました。

【合格校】
●慶應義塾中等部
●明治大学付属明治中学校
●専修大学松戸中学校（特待生）
●東邦大学付属東邦中学校

私がこの塾に入ったのは、5年の3月です。また、私が慶應義塾中等部を目指そうと考えたのもこの時期です。私は目指し始めたとき「こんな募集人数が少なくて偏差値が高い学校に受かる人がいるのか」と思いました。その不安をぬぐうために、勉強を教えてくれたのが、担当の先生たちでした。

私は、理系の科目がすごく苦手でした。なので、理科・算数は先生とタメ口になるくらい話し、質問をいつでもできるようにしました。元々文系が得意だったので、文系は細かい所を先生に直してもらいました。

私が一番つらかった時期は6年の夏休み明けから1月下旬でした。のりこえ方は、入学してからの楽しい学校生活を考えることです。また、算数では身長と同じくらい問題数をとき、自信につながりました。ねばり強く指導してくれた先生に感謝しています。今でも塾に毎日いきたいです。

【親御さまからのメッセージ】

5年生の終わり頃、娘が「慶應義塾中等部に行きたい」と言い始めました。大手塾にはそのノウハウが少ないと考え、インターネットや知人で情報収集を始めたところ、塾がヒットしました。入塾にあたり、不安なこと、希望することをお伝えしたところ、すべて的確に答えてくださり、娘も雰囲気が気に入ったため入塾を決めました。

最初は大手塾を途中でやめることに不安を感じておりましたが、習得分野、未習得分野、得意分野、不得意分野等をすぐに見極めてくださり、入試までのプランを提示してくださったため、安心して先生方にお任せすることができました。大手塾では親の関与が大きかったですが、ここでは親は安心して見守るだけ、という点もありがたかったです。

入塾から10カ月後に本番を迎えるという中で、ゴールデンウィークや夏休み、冬休みを有効に活用し合格に導いてくださいました。完全に個別指導で各教科のプロが寄り添って指導をしてくださるため、基本的にはお任せしていましたが、定期面談以外にも先生から何度も何度もご連絡いただき、授業の様子や学習の進捗を教えて頂きました。

「眠そうなので22時までに寝かせてください」「ミスが増えているのでトレーニングを強化します」といったきめ細やかな指導に加え、外部模試や1月校の選定といった戦略面でのアドバイスまで、最初から最後まで親子共にサポートしてくださったのが勝因だと考え、心から感謝しております。

第3章

「中学受験塾」成功のために押さえたいポイント

◆中学受験塾を構えるなら「大手進学塾の数」を見なさい

本章より「中学受験塾の経営」を成功させるために押さえておきたいポイントを解説したいと思います。「どうやって入塾者を集めるのか？」「安定した収益を得るには、どうしたらいいのか？」などについて知りたい方は、ぜひ参考にしてみてください。

一つ目にお伝えしたいのが「**中学受験塾の立地**」です。中学受験塾を作る以上、入塾者の集客が必須ですから「どこに塾を構えるのか」は重要なポイントになります。押さえたいポイントは、大きく分けて３つあります。一つずつ、見ていきましょう。

「中学受験塾の立地」で押さえたい3つのポイント

1・中学受験が盛んなエリアを選ぶ

2・「複数の大手進学塾が進出しているエリア」を狙う

3・近隣の駅に「大手進学塾」がひしめき合っている場所を選ぶのも手

1．中学受験が盛んなエリアを選ぶ

まず、大前提として押さえたいのが「中学受験が盛んなエリアを選ぶこと」です。言うまでもないことですが、中学受験が盛んなエリアであれば、入塾希望者を集めやすいからです。

第1章でお伝えしましたが、２０２３年の中学入試では、首都圏に住む小学校の卒業生「29万４５７４名」のうち「６万３２８６名」が受験したことが推定されています。つまり、首都圏に住む小学生の「約４・６５人に1人」が中学受験をしたということです。従って、地方都市で進学塾を開校するよりも、中学受験ブームが巻き起こっている首都圏に開校するのが、大きなリスクヘッジとなります。中学受験塾においては、首都圏エリアを第一候補として検討してみてください。

首都圏のなかでは、中学受験が過熱している「東京23区」などが第一候補に挙がります。現状、早慶ゼロワンは東京都に「四谷校」「聖蹟桜ヶ丘校」「板橋志村校」「田園都市校」「経堂校」「北参道校」を開校しています。

一方、神奈川県ならば「横浜市」や「川崎市」、埼玉県ならば「さいたま市」「川口市」「川越市」などのうち、中学受験者の多いエリアに塾を作るのが一つの方法です。早慶ゼロワンは、埼玉県に「大宮校」「さいたま新都心校」「浦和美園校」を開校しており、集客に成功しています。

また「都市開発」が進むなかで、新築マンションがどんどん増えているような場所も、非常に狙い目だといえます。若い世代の流入が見込まれるエリアだからです。例えば、豊洲や月島などの湾岸エリアは狙い目といえるでしょう。神奈川県ならば、急速にマンションが建設された武蔵小杉なども、成功しやすいエリアだと考えられます。

2.「複数の大手進学塾が進出しているエリア」を狙う

「中学受験が盛んなエリアかどうか」を素早く見極められる優れた方法が一つあります。それは**「複数の大手進学塾が進出しているのか」を確認すること**です。例えば、サピックスや日能研など、いくつかの大手進学塾が進出している地域ならば、その周辺は「中学受験が盛んなエリア」だと判断できます。そういったエリアに中学受験塾を構えれば、一定のパイが見込めるため、失敗するリスクが低くなります。

また、大手進学塾が多くあるということは、それだけ塾の授業についていけない子どもたちがいて、困っている家族が多いということも意味します。早慶ゼロワンのように差別化された塾は、こうした立地に開塾することで、伸び悩んでいるお子さんたちを救うことができます。

3．近隣の駅に「大手進学塾」がひしめき合っている場所を選ぶのも手

大手進学塾はないけれど、近隣の駅に「大手進学塾」がひしめき合っているような立地に塾を作るのも優れたアイデアです。

例えば、神奈川県ですと慶應義塾普通部のある日吉駅の周辺には、サピックス・日能研・四谷大塚などの大手進学塾があります。しかし、東急東横線沿線上で、隣駅にあたる「元住吉駅」の周辺には、サピックスも日能研も四谷大塚もありません。一方、元住吉から東京方面に進んだ1つ隣駅の「武蔵小杉駅」には、サピックス・日能研・早稲田アカデミーがあります。

ここからわかることは、日吉・元住吉・武蔵小杉エリアは、進学塾のニーズが見込まれる熱いエリアであるということです。加えて、大手進学塾が進出していない元住吉は、開拓する余地のある「穴場エリア」だということです。こういった穴場エリアを見つけ出して、進学塾を開校すると、集客に成功しやすいはずです。

●まとめ
塾の立地を決める最重要バロメーターは「大手進学塾の数」

◆差別化できれば「大通りの1階」じゃなくていい

塾でも飲食店でもそうですが「商売をするならば、大通りにある駅近物件の１階を押さえておこう」という通説があります。駅近くの大通りの１階ならば、店舗や立て看板などが宣伝になり、集客しやすいからです。交通量も多いため、興味を持った人からの問い合わせが見込めます。

しかし、そういった立地は、往々にして家賃が高いものです。一等地ともなれば「桁一つ違う」といったことも少なくありません。どんなに集客できても、家賃が経費の大部分を占めてしまうのならば、思うように利益が出せず、経営が苦しくなることもあるでしょう。

それでは、どうすればいいのでしょうか。**先に結論をいえば、実は、塾を開校するのに、ビルの1階を押さえる必要はありません。あなたが塾を開校するときには、ビルの2階以上に塾を構えて、経費を抑えてください。**早慶ゼロワン四谷校は、ビルの４階に構えていますが、定員いっぱいの生徒さんを集められています。また、聖蹟桜ヶ丘校もビルの４階ですが、いつも定員を満たしています。

なぜ、一般的な定説通り、ビルの1階に塾を構えなくていいのでしょうか。それは、**立て看板がなくてもネットを活用すれば、入塾者を集められる**からです。

例えば「早慶　中学受験塾」といったキーワードで検索したとしましょう。そうすると、当塾が1ページ目にヒットします。また、「ダイヤモンド・オンライン」に掲載された私の記事も1ページ目の上位にヒットします。このように、ホームページやオンライン記事などを通じて、早慶ゼロワンの名前を知ったことがきっかけで、入塾につながることがあります。ネット検索でヒットすれば、家賃の高いビルの1階を押さえなくても、問い合わせがどんどん舞い込んでくるのです。

「検索連動型広告」を出稿するのも非常に優れた集客手段です。検索連動型広告とは、ユーザーが検索したキーワードに応じて表示される「テキスト広告」のことです。当社では、入塾する見込みが高い方が検索するキーワードに連動して、早慶ゼロワンのランディングページが表示されるようにしています。この検索連動型広告に、毎月出稿しています。

ランディングページからの問い合わせ率（コンバージョン率）は「2～3％」です。仮に、1日に100人が早慶ゼロワンのランディングページに訪問したら、そのうちの2～3人から問い合わせがくる計算です。非常に効率のよい集客手段だといえます。

以上の通り、インターネット上で、ペルソナとなる親御さまに、塾を見つけてもらえるように対処すれば、集客は難しくありません。大通りの1階など、賃料の高い立地に塾を構えなくても、なんら問題はないのです。

早慶ゼロワンに興味関心を持つ可能性が高いペルソナは**「大学付属校の合格を目指して、大手進学塾に入ったが、成績が伸び悩むお子さんを持つ親御さま」**です。このペルソナに合致する親御さまは、早慶の合格実績がある個別指導塾を探している可能性が高いです。

ただし、インターネット上で集客する場合にも、大手進学塾や補習塾と戦う必要のない「差別化された塾のコンセプト」を磨き上げることには注力してください。**「差別化された塾のコンセプト」とは、言い換えれば「専門塾」です。**例えば、早慶ゼロワンは、大学付属校である「早慶GMARCHなど」に特化した専門塾で、差別化を図っています。ほかにはない唯一無二のコンセプトがあることで、その他大多数の塾に埋もれず、選ばれる塾として生き残ることができます。どんなにインターネット広告に予算をかけたとしても「これは、子どもにとって必要な塾だ」と思われなければ、問い合わせにつながりません。

ちなみに、一番の集客方法は、塾生の保護者さまからの「紹介・口コミ」です。紹介の輪が広がれば、積極的な営業を行わなくても、入塾者がどんどん集まるからです。当塾では「紹介」による入塾が50％ほどを占めています。

●まとめ
集客で大切なのは「ネット広告・塾のコンセプト・紹介・口コミ」

◆「400万円～700万円程度の開業資金」で開塾できる

「塾を始める際に必要な自己資金はいくらくらいなんだろう？」

これは、塾経営に興味がある方ならば、誰もが真っ先に気になることの一つだと思います。塾によって、ケースバイケースなため、一概には言えませんが、**早慶ゼロワンの場合「400万円程度の開業資金」があれば、塾をスタートすることができます。**この開業資金には、フランチャイズに加盟するための「加盟金」のほか、コピー機や椅子、机などの備品代、オリジナルテキストの教材費、入学案内などの印刷にかかる想定費用が含まれた概算です。

この開業資金に加えて、そのほかに発生しうるのは**「物件取得費」**です。物件取得費とは、ビルなどにテナントとして入居する際に発生する保証金や仲介手数料などのことです。

交渉次第になりますが、多くのケースでは「家賃×6カ月分」の保証金を先に支払う必要があります。不動産会社に支払う仲介手数料は「家賃×1ヵ月分」程度である場合が多いです。つまり、「家賃×7ヵ月分」の物件取得費が発生する可能性があります。

例えば、入居したビルの1ヵ月あたりの家賃が30万円であった場合。物件取得費として210万円程度が必要になる可能性があるというわけです。**こうした費用も発生**

する場合「600〜700万円程度」の資金があれば、開業できるとイメージしておきましょう。

なお、塾の場合、床、壁、天井、空調、照明などが完備されている「事務所仕様」のフロアを選べば「内装工事費」は、ほとんどかかりません。飲食店のように、厨房を導入したり、集客のためにおしゃれな内装に仕上げたりする必要はないからです。

備品類（椅子、机、コピー機など）にも、大きなお金はかかりません。冷暖房が完備した学習環境が整えられていれば十分だからです。手持ち資金がない場合、リースで購入することも可能ですから、大きな心配はいりません。

なかには「塾を開校するために必要な開業資金を用意できていない」という方もいるでしょう。そういった場合は、日本政策金融公庫の「新創業融資制度」を活用するのが一つの方法です。これは、新たにビジネスを始めたい事業主をサポートする制度で「無担保・無保証人」で、資金を借りられる融資制度です。

【新創業融資制度の概要】（抜粋）	
対象者	次の要件をすべて満たす方 **1. 対象者の要件** 新たに事業を始める方または事業開始後税務申告を２期終えていない方 **2. 自己資金の要件** 新たに事業を始める方、または事業開始後、税務申告を１期終えていない方は、創業時において創業資金総額の10分の１以上の自己資金（事業に使用される予定の資金）を確認できる方
資金の用途	事業開始のために必要な設備資金、運転資金
融資限度額	3000万円 （そのうち、運転資金は1500万円まで）
利率	1.32%～（無担保・無保証人の場合）
担保・保証人	原則不要

●出典：日本政策金融公庫「新創業融資制度」

対象になるのは「新たに事業を始める人」もしくは「事業開始後、税務申告の2期終えていない人」。ほかの融資制度との併用もできるため、起業家にとって非常に心強い融資制度だといえます。

自己資金の要件には「創業時において創業資金総額の10分の1以上の自己資金（事業に使用される予定の資金）を確認できる方」とあるため、少なくとも、100万円程度の自己資金があり、審査に通過すれば、融資を受けられる可能性があります。

創業融資を活用する場合、ポイントになるのが**「創業計画書」**です。創業計画書とは、これから始める新規ビジネスは、成功する見通しがあり、借りた資金を返済できる見込みがあることを説明するものです。この創業計画書がしっかり書けているか否かが、融資の審査通過率を大きく左右します。創業計画書の作成もこちらでサポートさせていただきます。

塾ビジネスの場合、フランチャイズであれば、大きなアドバンテージとなります。成功しているビジネスモデルや、確立されたノウハウが既に存在していて、それを新

規事業でも活用するのが大前提になるからです。

ゼロからビジネスを立ち上げるわけではないため「成功する確率が高そうだ」と判断されやすいです。これまで、どれくらいの収益が上がっているのかについて、売上などの数字的根拠を添えて説明できれば、審査が通る可能性が高いでしょう。

フランチャイズの塾を開業する場合は**「なぜ、この事業は成功するのか」「どんな成功事例があるのか」「再現性のあるビジネスモデルなのか」**ということを、しっかり創業計画書に盛り込むようにしていきましょう。

自己資金が気になる一方、「教室はどれくらいの広さが必要なんだろう」と、塾のスペースが気になる方もいるのではないでしょうか。結論をいえば、早慶ゼロワンの場合、**「20坪（66㎡程度）」あれば開校できます。**事実、大宮校の広さは12坪ほどです。**この広さでも問題ないのは、入塾者が20人も集まれば、それで十分、利益が上がるからです。**顧客単価が、大手進学塾と同程度であり、一般的な個別指導塾よりも、収益性が高いことによります。個別指導塾の損益分岐点が80人程度ですが、その4分の1の人数で経営が成り立つため、小さなスペースでも問題がないというわけです。

●まとめ
塾は「開業資金400万円～＋20坪の教室」があれば開校できる

◆採用面接で「運がいいですか?」と聞く理由

先生の採用は、教室長の大切な仕事の一つですが、少しひねりの効いた質問をすることがあります。それは「あなたは運がいい人ですか?」という質問です。

幸運というと、ほとんどの方は「偶然、手に入るもの」だと考えているでしょう。しかし、私は、幸運というものは、ある程度、自分のコントロール次第で、「手に入れられるもの」だと考えています。もちろん、例外はありますが、運がいい人はずっといいですし、予想外のアクシデントに見舞われやすい人は、何度も災難に遭ってしまいます。

なぜならば、幸運は努力と準備で手に入りやすくなりますし、予想外のアクシデントは、努力と準備次第で回避できることが少なくないからです。

例えば、ある学生が、就職の面接を受けるとします。その際、朝は晴れていたのに、昼過ぎから雨が降ってきたとしましょう。

そういった場合、あらかじめ天気予報をチェックしたり、普段から折りたたみ傘を準備していれば、雨に濡れずに済みます。天候不順による遅延を想定して、早めに出かければ、面接会場に間に合わないといった事態も防げるでしょう。面接の場面でも、あらゆる質問を想定して、答えを用意しておけば、面接官に好印象を残すことができます。

このように、想定しなかったアクシデントというのは、ある程度、事前の準備によって回避することができます。裏を返せば、想定外のアクシデントというのは、ちょっとした努力や準備を怠ったために受ける不運だと考えられます（もちろん、回避できない不運もあることは付け加えておきます）。

そのため「自分は運がいいです」と答えられる人は「しっかりと準備や努力をしたうえで物事を進められる人」だと判断できます。そういった観点で「運がいい」と答えられる人を、積極的に採用したいと考えています。

加えて「自分は運がいい」と即答できる人は、困ったときに、人から助けてもらいやすい人である可能性が高いのです。人から助けられやすい人は、普段からその人自身が、誰かに手を差し伸べたり、サポートしてあげることが多いからです。これは塾の先生に必要な資質です。

もちろん、人間の資質を100％見抜ける「魔法の質問」ではありません。しかし「準備や努力ができる人なのか」「普段から、人に手を差し伸べている人なのか」といったことを、ある程度想像できる質問として、投げかけています。

●まとめ
「運がいいですか？」は「準備や努力ができる人なのか」を推し量る質問

◆親御さまとの「一言コミュニケーション」を大切に

塾経営では、お子さんだけでなく、親御さまとの信頼関係も大切です。どんなにお子さんがやる氣いっぱいで塾に通っていても、親御さまからの心象が悪ければ、いとも簡単に「転塾」や「退塾」につながってしまうからです。親御さまのお気持ちを考えればわかりますが、自分が納得しないものに、お金を払おうとは思いませんよね。ましてや、お子さんの未来がかかっている進学塾であれば、なおさらです。

親御さまが塾に違和感を覚え、退塾を切り出すのは、どんなときでしょうか。塾を経営するならば、ぜひとも知っておきたいことです。

一般的には「成績が伸びない」などが挙げられます。このような理由であれば、塾は、お子さんの得意分野・苦手分野を把握したうえで、お子さんの成績が伸びるよう、しかるべき対処をするほかありません。宿題をやらないのであれば、宿題に取り組める方法を一緒に考える必要がありますし、授業に集中できていないのであれば、受験の目的を振り返らせる声かけを行います。

一方、「親御さまと塾のコミュニケーション不足」が退塾を後押ししてしまうこともあります。具体的には次に挙げる通りです。

- ●日々の授業で「どんなことを学んだのか」が不透明である
- ●「授業中の子どもの様子」がわからない
- ●成績が伸び悩んでいるが、その報告すらない
- ●塾がどんなサポートをしているのかがわからない

成績が伸びていないのに、報告もないとなれば、不信感を持たれても仕方ないでしょう。これまで通っていた塾を蹴ってまで、転塾をしたのですから、少なくとも、親御さまが気にしていることはお話しするなどして、フォローするべきだと思います。それが、親御さまとの信頼関係を築くうえで、大切にしたいことです。

塾に大勢の生徒さんが通っていると、逐一報告するのは難しいかもしれませんが、立ち話程度でも「授業中の様子」や「お子さんが学んでいること」などをお伝えしたりするだけで、心象は大きく異なると思います。塾として万全のサポートをしていたとしても、しっかりと言語化しなければ伝わらないことがあります。だからこそ、言葉を交わすことが大切なのです。何より「ちゃんとサポートしてくれているんだな」「子どものために、塾は頑張ってくれているんだ」と安心感を得られますよね。

一言、二言でもかまいませんので、気づいたタイミングで、お子さんの様子を伝える「一言コミュニケーション」を行ってみてください。それだけで、塾と親御さまとの間の心理的距離はグッと縮まり、不安感を軽減できるはずです。

日頃からコミュニケーションを取っていれば、親御さまが困ったことがあるときや、要望・クレームを伝えたいときも、吐き出しやすくなります。不満が募り、噴出する前に、小さな不満を取り除くためにも、小さな会話を重ねてみてください。

塾を経営する場合、こうした声かけは「塾オーナー」ではなく、塾の責任者である「教室長」や「先生」が行います。ですから、教室長や先生方に「一言コミュニケーション」

の大切さを伝えてみてください。

親御さまとの「一言コミュニケーション」の投げかけ例

●スタッフからの挨拶

↓「今日も暑いですね。いつもお迎え、ありがとうございます！」

↓「急に雨が降ってきましたね。傘は大丈夫ですか？」

●日々の授業で「どんなことを学んだのか」を伝える

↓「今日の授業では、○○について学びました。○○君、とても上手にアウトプットできていましたよ」

↓「今日の授業では、△△について学びました。お家で、どんなことを学んだか、復習を兼ねて、聞いてみてください」

● 「お子さんの授業中の様子」を伝える
↓「今日の△△さん、とても真剣でした。自分からの発言も増えていて、とても素晴らしいです。お家での様子はいかがですか？」
↓「今日の○○さんは、ちょっと眠たそうでした。最近、夜遅くまで勉強、頑張っているのですか？」

● 「塾がどんなサポートをしているのか」を伝える
↓「○○先生が作成した今週分の宿題管理表です。△△さん、毎週、頑張って宿題に取り組んでくれています。素晴らしいですね」
↓「今日の授業では、××テストの解説を行いました。このテストに合格すれば、△△の範囲はバッチリです。引き続き、取り組んでいきますね」

決して忘れてはならないのは、塾選びは、親御さまが我が子に贈る「ギフト（贈り物）」であるということです。相手に贈り物をするとき、もらって喜んでくれる姿を想像しますよね。そのギフトに足りうる価値を提供する塾になっているのかを振り返ることが大切だと、私は考えています。

お子さんはもとより、親御さまのお気持ちに寄り添った対応やフォローを心がけたいものです。お子さんと親御さまを幸せにする個別指導塾を作るうえで、大切にしたい視点です。

●まとめ
何気ない「一言コミュニケーション」が、親子と塾の信頼関係を育む

◆塾経営で知っておきたい2つの「注意点」とは？

どんなビジネスを始める場合にも、メリットだけでなく、注意点も知ったうえで、参入すべきか判断することが大切だと思います。そのため、本項では、塾オーナーを

志す方が知っておくべきポイントをお伝えしたいと思います。大きく分けて２点あります。一つずつ、見ていきましょう。

塾経営で押さえておきたい２つの注意点

1．「収支だけ見ていればいい」というスタンスだと続かない可能性がある

2．（中小塾の場合）「塾の魅力」をわかりやすく説明する必要がある

1．「収支だけ見ていればいい」というスタンスだと続かない可能性がある

塾オーナー自身が「売上の収支だけチェックする。あとは丸投げ」というスタンスでは、周りの人たちのやる氣がしぼんでしまいます。塾運営に関わるすべての人に対

して「塾のために頑張ってくれて、いつもありがとう」という感謝の心を持ち、必要に応じて、手を差し伸べることが大切だと思います。

とりわけ、特に大きな責任を背負っているのが「教室長」です。入塾者を集めたり、先生方の悩みや不満を解消したり、親御さまのフォローを行ったりと、きめ細やかな対応が必要な場面が多いからです。

また、先生方は横のつながりが生まれやすいですが、教室長は、塾の責任者という立場上、上に見られやすいため、孤独感を強めがちです。そのため、特に、教室長の様子を気にかけてあげることが大切です。

たまには、一緒にランチをしたり、教室運営上の悩みを聞くなど「ガス抜き」をしてあげてください。気にかけてくれる人の存在があるだけで、明日への活力が得られたり、勇気づけられることがありますよね。「塾経営のパートナーなんだ」と思っていただけるよう、心を寄せ、ときにはフォローすることが大切です。塾のために頑張ってくれるかけがえのない存在なんだということを、心に留めておきたいですね。

心配りができるオーナーがいる塾のもとには、たくさんの人が集まります。そして、塾が「子どもたちのために頑張るぞ」という熱気に包まれた場所になります。それが結果的に、塾としての成功につながっていくのです。

2.（中小塾の場合）「塾の魅力」をわかりやすく説明する必要がある

大手進学塾には、圧倒的な知名度とブランド力があります。そのため、ブランド力という名前だけでほぼ自動的に入塾者が集まります。

一方、中小零細の進学塾の場合、「塾のコンセプト」「ほかの塾にはない強み」「入塾することで得られるメリット」などを、教室長が一から丁寧に説明しなければなりません。そして、親御さまやお子さんが納得すれば、晴れて入塾という流れになります。つまり、大手進学塾とそれ以外では、入塾してもらうまでに乗り越えなければならないハードルに差があるということです。

冒頭でご説明した通り、早慶ゼロワンも大手ほどの知名度はありません。そのため、大手進学塾のように「説明不要で即入塾」というわけにはいきません。問い合わせをいただいた後に、初回カウンセリングで、現状のお悩みなどをヒアリングしつつ「塾のコンセプト」などについて、教室長が説明します。その後、入塾を検討いただく流れを踏んでいます。開校したのは2020年であり、まだまだ新しい塾だからです。

正直なところ「塾オーナーになりませんか?」というお声がけもほとんど行ってきませんでした。経営者仲間など、横のつながりで、校舎数が増えてきました。数十校、数百校と増えていくなかで、塾の名前が浸透していったらいいなと期待しています。

現状では、入塾者の口コミのほかに、著書(お陰様で『中学受験 大学付属校合格バイブル』は4万部超えとなりました)や検索連動型広告、Web上の記事、ポスティングなどから、入塾希望者が集まっています。

校舎数が増え、ブランドイメージが確立されれば、教室長によるすべての説明がなくとも、入塾者を集められるようになるのではないかと思います。

●まとめ
愛される塾を作るために大切にしたいのは「私も塾を作る一人」という心

◆なぜ「早慶ゼロワン」が選ばれているのか？

本書では「子どもの潜在能力を引き出して志望校合格に導く指導法」や「中学受験塾の経営で押さえるべきポイント」などを解説してきました。手前味噌ではありますが、ここで簡単に「早慶ゼロワン」が、塾オーナー様から選ばれている理由について、改めて整理したいと思います。

塾オーナー様から「早慶ゼロワン」が選ばれている7つの理由

●ビジネスモデルの強み

1・潜在能力を開花させる「ゼロワンメソッド」を活用できる

唯一無二のメソッド（オリジナルの授業スタイル、勉強管理方法、モチベーションアップ術、カリキュラム、宿題管理法など）により、合格率・合格実績がよく「入塾者の口コミ」による問い合わせが絶えない

・「インプット：アウトプット＝3：7」の授業

・「分かち合いの大切さ」を伝える
・授業の人数比率は「先生：生徒＝1：3」
・2度の復習で理解度が高まる「ダブルリピート学習法」
・塾オリジナルの「宿題管理表」
・知識の定着率が高まる「3本締め暗記法」
・受験へのモチベーションアップにつながる「未来合格体験記」など

2・「ワンストップ個別指導」により「親子の満足度100％」を追求している

中学受験に必要な学習計画から宿題管理、入試対策まで、塾が一手に引き受ける。中学受験は「親の受験」と言われるなか、親御さまへの負担がほとんどない。お子さんも睡眠時間をしっかり確保できるため、非常に満足度が高い

3・「補習塾の掛け持ちなし」で難関大学付属校への合格者が続出している

大手進学塾では、授業についていけないお子さんが多く「補習塾通い」がスタンダード。体力面・金銭面で負担が大きい。一方、早慶ゼロワンは補習塾の掛け持ちは一切禁止。4教科すべて「授業時間内」に完結しながら、学力が向上しているため、満足度が高い（＝退塾率がきわめて低い）

●経営面のメリット

1・講師人件費率の低さが業界随一

「先生：生徒＝1：3」の授業であるため、講師人件費率を「15％以下」に抑えられる（一般的な個別塾は25～40％程度）

2・営業利益率が「35％」とすこぶる高い

講師人件費率が低く、〝カリスマ講師〟が不要の事業形態であるため、利益率が「35％超え」。2年目以降は「年商3500万円」が射程圏内となる。塾経営3ヵ月で、本業の赤字が黒字に転換したオーナーも。塾経営者の平均年収が300～500万円と言われているなかで、異例の実績が続出している

3・「生徒20人」で年商3500万円も可能

独自の指導法や、高度に差別化されたカリキュラムを組んでいることから、生徒1人あたりの授業料を「月額8万円程度（小学5・6年生）」に設定。大手進学塾と遜色のない授業料を実現しているため、20人のお子さんを集客できれ

ば、安定した利益を生み出せる。一般的な「補習塾」の場合、2万7000円程度の授業となるため、最大80人くらいの集客が不可欠。「集客のハードルの低さ」から、塾オーナーに選ばれている

4・フランチャイズ本部との距離が近く、何でも相談できる

塾経営に関する悩みは、どんな些細なことでも相談できる。個別の悩みに応じて、最適な解決策を提示する。塾経営で一番難しいとされる「採用」も、強力にバックアップ。本部が、塾の教室長採用のアドバイスをするほか、教室長に先生の採用に関する研修も行うため、安心して経営に専念できる

ここでは、早慶ゼロワンが大切にしている「ワンストップ個別指導」の取り組みについて、少し補足をさせていただきたいと思います。

ご存じの方も多いと思いますが、中学受験は、お子さんだけでなく、親御さまにとっても、大きなストレスがかかる〝戦場〟になりがちです。親子で、意見の食い違いや

感情のぶつかり合いが起こることも少なくありません。親子ゲンカが激しくなれば、お子さんの学習にも悪影響を及ぼしてしまいます。お子さんが精神不安定になったり、親への不信感が募ったり、親子関係が崩壊したりする可能性もあります。

そのため、早慶ゼロワンでは**「ケンカしない中学受験」**を目指しています。「ケンカしない中学受験」とは、親子の関係を良好に保ちながら、お子さんの学習をサポートすることです。

そのために取り入れているのが**「ワンストップ個別指導」**という独自システムです。「ワンストップ個別指導」とは、授業・宿題・カリキュラム・学習計画など、中学受験に必要なすべてのサポートを、塾が一手に引き受けるシステムのことです。このシステムにより、**親御さまは、自宅での勉強や授業フォローが一切不要**となります。

お子さんの負担も最小限になります。一般的な塾の終了時間は21時頃で、それから家に帰ってから宿題を行うのがスタンダードです。しかし、早慶ゼロワンでは、20時30分に授業と宿題の両方が完了するように編成しています。早慶ゼロワンに通えば、夜遅くまで勉強する必要がなくなるのです。

お子さんは、睡眠時間をしっかり確保できます。早寝早起きは体内時計を正常化し、学習効果や健康状態を向上させられる点で望ましいです。場合によっては、塾から帰宅した時間を、運動や趣味、家族とのコミュニケーションなど、自分の好きなことを楽しむ時間にしてもよいと思います。これが、中学受験で親子の絆を深め、実り豊かなものにするために編み出した工夫です。

●まとめ
子ども・親・塾オーナー「三方良し」の塾を作ろう

◆「早慶ゼロワン」フランチャイズオーナー様へのインタビュー

「早慶ゼロワン」は2020年の開塾以来、東京・埼玉に9校を展開しています。まだまだ、数は少ないものの、フランチャイズオーナーとして活躍されている方がいらっしゃいます。

ここでは、東京・聖蹟桜ヶ丘校のフランチャイズオーナーになられた澤井様に「塾経営を始めたきっかけ」や「塾経営をしている今、感じていること」などについて、取材者が聞いたインタビューをご紹介したいと思います。ざっくばらんにさまざまな質問に対して、お答えいただいています。何かの参考になりましたら幸いです。

●「教育事業」に興味を抱いたきっかけは〝子ども時代の体験〟

――澤井さん、この度はインタビューのお時間をくださいまして、どうもありがとうございます。本日はどうぞよろしくお願いします。

こちらこそ、よろしくお願いします。

――まずは、澤井さんのこれまでのご経歴について教えてください。

自分自身のスキルアップのために、だいたい5年ごとに、職種や業種をガラッと変えてきました。まず、高校卒業後は「手に職をつけよう」ということで、ＩＴ業界に就職し、エンジニアとして働き始めました。

その後、情報分析に関する知見を深めたいと考え、野村総合研究所（ＮＲＩ）に就職しました。こちらも5年ほど従事した後、会計事務所に転職します。それから、グループ企業にヘッドハンティングされて、雇われ社長を務めた後に独立し、今に至ります。現在は、２つの教育事業のフランチャイズオーナーを務めています。一つは早慶ゼロワンで、もう一つは、子どもたちの自立学習をサポートする学習塾です。

――さまざまな職種・業種を経験されてきたのですね。どうして「教育ビジネス」や「塾の経営」に興味を持ったのでしょうか？

原点は、子ども時代にあるような気がします。私、すごく貧乏だったんですよね。親には、学校に必要な教材を買ってもらえないだけでなく、高校に通うための交通費すら出してもらえませんでした。なので、自転車で1時間かけて学校に行っていたくらいです。

正直なところ、お昼ごはんを買うお金もなかったです。でも、みんなに知られたくなかった。なので、4時間目が終了するチャイムと同時に、ふらっと消えていました。お昼休みは、誰もいない場所でたった一人、時間をつぶす毎日を送っていました。

ですから、自分が何か「やってみたいな」と思ったり、興味が湧いたことがあっても、親に相談する勇気がありませんでした。いまだに「若い頃にもっといろいろ経験できていたらな……」と思うことがあります。

子どもの頃の自分が、数えきれないほど〝悔しい思い〟をしてきたからこそ、今を生きる子どもたちには「自分と同じような思いをしてほしくない」という気持ちが強いです。自分だけの夢を描いてほしいし、チャレンジもしてほしい。そういった想いがあるなかで、子どもたちと一緒に夢を追いかけ、応援することができる教育事業にチャレンジしてみようと思い立ちました。

●塾を「人間として大切なことを教える場」にしたい

――数ある教育事業のなかで、なぜ「早慶ゼロワン」に興味を持ったのでしょうか。

きっかけは、経営者が集まる研修会で「大学付属校に特化した専門塾をやっている」という話を、野田さんから聞いたことです。地方から早慶ゼロワンのある東京まで毎週通っているお子さんもいると聞いて、単純に「すごいな」と思いました。

特に大きな興味を抱いたのが、ビジネスモデルです。私がオーナーをしているもう一つの学習塾は、小学生から高校生まで幅広いお子さんが通っていますが、早慶ゼロワンでは、ターゲットを「大学付属校を受験する子ども」に絞っています。

それってすごく勇気がいることだと思うんですよね。一般的な塾の常識を１８０度くつがえす発想です。それでも、多くのご家庭から支持をされていて、安定した収益を出し続けています。どうして成功しているのか、その秘密が知りたいと思いました。

――最終的に「早慶ゼロワン」のフランチャイズオーナーになろうと思った理由は何だったのですか？

「大学付属校とはどういう場所なのか」について、野田さんから話を聞くなかで、その素晴らしさに気づいたからです。例えば、野球を頑張りたいお子さんがいたとして、大学付属校ならば、受験を気にせず、野球に全力投球できますよね。大学付属校という場所が、子どもたちの未来を切り拓くうえで〝最高の環境〟になるんじゃないかと思ったんです。

早慶ゼロワンは、夢を持っている子どもたちのために全力だし、お子さんの成長を考え抜いた教育を大切にしています。野田さんや早慶ゼロワンが大事にしている考えややり方は、私自身も大事にしたいと、強く共感しました。そういったなかで、私も早慶ゼロワンのオーナーになってみたいと思い、参画を決意しました。

——実際に、塾を始めてみて、いかがでしたか？

教育一筋でキャリアを積み重ねてきたわけではないため、最初はわからないことだらけでした。でも、野田さんや本部の皆さんは、まったく出し惜しみせず、バンバン、ノウハウを授けてくださいました。今も、たくさんのことを教えていただいています。それが本当にありがたいですし、感謝しています。

早慶ゼロワンに出会ってから、自分自身の成長も実感しています。子どもたちが学習に向かうための「場づくり」が多少なりともできるようになったかなと。モチベーションに波があるお子さんには、「なんで、中学受験を始めたんだっけね？」などと声をかけて、中学受験をする目的に立ち返らせたりしています。子どもたちに、ただ勉強を教えるのではなく、人間として大切なことも教える場にしたいですね。

●ポスティングは「年に数回」だけ

――塾というと、集客が大変なイメージがあります。実際のところ、いかがでしょうか？

ポスティングなどをしょっちゅう行わなければいけないイメージがあるかと思いますが、全然そんなことはありません。正直なところ、ほとんどやっていません。年に数回ですね。最近、２年前にポスティングしたチラシを大事にとっておいて、相談に来られた方もいました。

本部のホームページからの問い合わせがあるので、振り分けていただくこともあります。相談にお越しいただいた時点で、早慶ゼロワンに決めているご家庭も多いので、集客が大変だと思ったことはほとんどないです。

――問い合わせ後の「初回カウンセリング」での入塾率はどれくらいですか?

70~80%くらいです。もちろん、なかなか決意できず、1年以上、検討している方もいらっしゃいます。でも、私はそれでもいいと思っています。お子さんや親御さまの悩みもお聞きしつつ、納得できたタイミングで、入塾していただけたらいいなと。営業もほとんどしていません。焦らず、じっくり決めていただくのが、私のスタンスです。

●1フロアだった教室を3フロアに拡大!

――2年前に早慶ゼロワンをスタートしたとお聞きしました。実際、何人くらいのお子さんが入塾されましたか?

現在は、20人以上のお子さんに通ってもらっています。塾を始めてすぐは、４人くらいでした。その４人が「いい塾だよ」と口コミを広げてくれたり、検討していたご家庭が入塾したことで、すぐに一気に10人くらい増えました。

塾の初年度で「中央大学付属中学校」や「明治大学付属明治中学校」に合格したお子さんがいたのも、とても嬉しい出来事でした。そのため、最初は１フロアでしたが、今では３フロアに規模を拡大しました。おかげさまで、とても順調に経営できております。

――塾を運営するうえで、澤井さんが大切にしていることを教えてください。

塾に関わる皆さんが、同じ想いを持つことが大切だと思っています。「子どもたちの力になるんだ」という想いがあるかが、お子さんへの指導や、保護者の方々への対応に表れるからです。

正直なところ、まだまだ完璧ではありません。もっともっと努力が必要だと思っています。道なかばではありますが、これからも頑張っていきたいです。

あとは「教えすぎない授業」の実践にも、より一層、力を入れていきたいです。塾の先生は教えるのが基本ですから、教えていないと不安になるんですよね。でも、学習定着率を高めるには、アウトプットさせることが何よりも大事だと実感しています。「教えるのは仕事じゃない。合格をつかみ取ってもらうのが仕事なんだよ」という価値観をしっかりと浸透させていきたいです。

――最後に一言、メッセージをお願いします。

どんな事業を始めるにせよ「これで食べていけるのか」というのが先に立ちますよね。でも、早慶ゼロワンについては、何の迷いもなく事業をスタートさせました。

本部からのサポートについても、全然心配しないでいいと思いますよ。うちの従業員も、みっちり研修してもらいました。教育業界や塾業界の構造についても、たくさん教えていただきました。少しでも興味があったら、その気持ちだけで飛び込んでみたらいいのでは、きっと大丈夫だからと、個人的には思っています。

やりたいことが何もできなかった子ども時代の自分を、投影させるわけではないですが、子どもたちと一緒に頑張れる今が、本当に、すごく幸せです。失われた子ども時代を取り戻すような、そんな気持ちです。早慶ゼロワンとの出会いは、自分にとって、本当にかけがえのないものです。

●まとめ
「未来ある子どもたちの力になるんだ」という想いを大切にしたい

第4章

子ども一人ひとりの個性を大切にする時代

◆生徒の心に火を点ける先生が取り組んでいる「承認」とは？

子どもたちと接するなかで、一番大切にしていることは「承認」です。承認とは、どんなに小さな努力も、決して見逃さず「頑張っているね」「前よりもずっとよくなったね！」などと声をかけ、子どもの頑張りを、ありのままに認めてあげることです。自分の頑張りを認められるのは、このうえない喜びであり、「次はもっと、頑張ろう」「これからも、頑張ろう」という前向きな気持ちになれるからです。

承認をする際に、気をつけていることがあります。それは、漫然と承認するのではなく、子どもが頑張った部分を取り出して承認することです。

例えば、漢字の書き方について「こうやって書くと、きれいにバランスよく見えるよ」とアドバイスしたとします。それから、次の授業で会ったときに、アドバイスした通りに書けていたら「この前に教えたアドバイス、守ってくれているね。書くのが難しい字だったよね。でも、頑張ったから、きれいで読みやすい字になったよね。これなら、試験を採点する人も、見やすくて助かるだろうね」などと声をかけます。

さらに次の授業では、見違えるほどきれいになっていることも少なくありません。その場合は「ちょっと前のところのノートを開いて、見比べてごらん。すごくよくなっているよね。本当に頑張って取り組んでいるんだね」と声をかけます。
このように、頑張りを見逃さずキャッチし、よくなった点をフィードバックすることが「承認」の基本です。それが、子どものやる氣に火を点けます。

私は**「お疲れさま！　塾までよく来てくれたね。本当にありがとう。もうひと踏ん張り、頑張ろうね」**などと声をかけることがあります。子どもたちは疲れているはずなのに、塾まで足を運んでくるのですから、本当に頑張っていて、純粋に「すごいな」と思うからです。小学生時代の私は、野球ばかりしていましたから、その頃の自分と比べると、承認せずにはいられません……。

承認をする際には、もう一つ気をつけていることがあります。それは**「ほめすぎない」**ということです。子どもを伸ばすためには「たくさんほめることが大切」という見方もありますが、個人的にはあまり推奨できない考えです。不必要にほめ続けると、ほめられる状態が当たり前になり、ほめられない状態に不満や不安感を抱くようになるからです。**あくまで、努力や頑張りに対して「承認」を行うことに徹するのが、継続的なモチベーション維持につながります。**

承認やほめの対局にあるのが「叱る」というアクションです。叱る行為については「モチベーションが下がるから、なるべく控えるべきだ」という考えもあります。しかし、これは極端な考え方だと感じています。授業中にふざけるなど、望ましくない行動をした時には「何がよくないのか」「どういう状態が望ましいのか」を伝えなければ、あるべき状態に軌道修正できないからです。本人にとっても、周りの子どもたちにとっても、何一ついいことがありません。**承認だけでなく「ダメなものはダメ」だと、しっかり叱り、望ましい状態を示すことも、同じくらい大切ではないでしょうか。**

適切な承認を積み重ねていくと、子どもと先生との間には、確かな信頼関係が育まれていきます。「自分を応援してくれている先生を喜ばせたい」「いつもお弁当を作ってくれるお母さんのためにも絶対に合格するんだ！」などと、気合が入る子も少なくありません。私たちも「この子たちのためにもっと頑張ろう」という気持ちでいっぱいになります。サポートする側の私たちが、逆に元気をもらうことも多いものです。

中学受験をするのは、生まれて、10年ちょっとの子どもたちです。遊び盛りの時期に、やりたいことを我慢して、朝から夜まで勉強に励むのは、並大抵のことではありません。本当にすごいことですよね。だから、子どもの頑張りをありのままに承認し、目一杯、勇気づけ、気にかけてあげたいです。子どもたちが、受験本番を全力で走り抜けるためのエンジンになります。

●まとめ
小さな頑張りを見逃さない「承認」の声かけでグングン伸びる

◆挫折した子どもの成績がいきなり伸びた！

私は、中学受験を通じて、1万人以上の子どもたちと関わってきました。これまでを振り返ると、夢に向かって頑張る子どもたちに捧げた人生でした。一人ひとりの子どもたちとの想い出は、今も私の心に深く刻まれています。

●コンビニのおにぎりを頬張りながら〝お母さんの存在〟に気づいた〝みのるくん〟

私の塾に通っていた〝みのるくん〟は、ご家族からとても愛されている子でした。その一端は、お母さんの献身的な送迎に見て取れます。〝みのるくん〟の通う小学校から塾までは、車を使って30分以上の道のりでしたが、それでも、毎日、毎日、〝みのるくん〟が塾で勉強できるよう、サポートし続けていらっしゃいました。

まず、通っている小学校から塾まで送り届けるために、駅で〝みのるくん〟と落ち合います。そこで、制服から私服に着替えさせて、塾の勉強道具と手作りのお弁当を渡します。それから、教科書のつまった重たいランドセルを受け取り、ご自宅に帰られていました。塾が終われば、また30分以上かけて、塾までお迎えに行くという毎日です。

すごいですよね。お母さんにとって、本当にハードな日々だったことでしょう。しかし、お母さんには、その大変さに優る〝みのるくん〟への愛がありました。「〝みのるくん〟の夢を叶えてあげたい」という一心で、頑張っていらっしゃったのだと思います。おばあちゃんも、〝みのるくん〟のことを「目に入れても痛くない」というほど、すごく可愛がっていました。

このように、ご家族から深く愛され、守られている安心感があったからでしょうか。〝みのるくん〟には「勉強をしなくても、自動的に合格が降ってくるだろう」と思っているような節がありました。「お母さんがやれっていうから中学受験している」とも言い、受験をどこか他人事に考えている様子も見受けられました。一つひとつの動作もマイペースでゆっくりとしており、心ここにあらずな様子です。積極的に授業に参加せず、先生の話も、なかなか耳に入っていかない日々が続きました。

そんなある日、〝みのるくん〟は、夕食休憩の時間に、コンビニのおにぎりを食べていました。いつもは、お母さんが手作りしてくれた弁当を食べています。コンビニのおにぎりを食べていたのは、お母さんが風邪を引いてしまったからでした。一緒に塾で勉強している友達には「今日はコンビニのおにぎりなんだよね。やってられないよ！」などとぼやいているのを耳にしました。

このとき、私は思わず「お母さん、毎日、毎日、欠かさず、〝みのるくん〟のためにお弁当を作ってくれていたよね。お母さんは、どんな気持ちで、お弁当を作ってくれているんだろうね？」と聞きました。

〝みのるくん〟は驚いた様子で、黙っていました。しかし、しばらくして何かを悟ったのでしょう。ボロボロと涙を流し出したのです。一度あふれ出した涙は、なかなかとまることはありませんでした。〝みのるくん〟は、涙をこぼしながら、コンビニで買ってきたおにぎりを食べ続けました。きっとこのとき、初めて、お母さんがどんな想いで〝みのるくん〟を毎日送り出しているのか、どれだけ自分のことを大切に思ってくれているのかを知ったのだと思います。

その一件があって以来、〝みのるくん〟は大きく変わりました。自分を支えてくれている周りの人達の存在に気づいたのかもしれません。大きな変化の一つは、授業中の一挙一動です。これまでは、ほかの人よりもワンテンポ遅れてノートを取っていましたが、行動にメリハリが出て、鉛筆を動かすスピードも速くなりました。

一つひとつの授業に向き合うときの目の色も変わりました。これを聞き逃しちゃいけない。あれも身につけなきゃ。絶対にものにするんだ —— こんな気持ちで、一生懸命、授業に向き合うようになったのです。先生から言われたことをただ淡々とこなすだけの〝みのるくん〟の姿は、もうそこにはありませんでした。

最終的に、〝みのるくん〟は、医学部の内部推薦がある難関私立中学校に合格しました。この学校を志望校にしたのは、腰に持病を抱えるおばあちゃんのためです。入塾時の面談で「整形外科のお医者さんになりたい」という想いを打ち明けてくれていました。〝みのるくん〟は、小学5年生のときに宣言した夢に向かって、いまも一歩一歩、前進しています。

●今まで、誰にも打ち明けられなかった「夢」を叶えた〝ともこさん〟

〝ともこさん〟も、中学受験を通じて、自分自身の殻を破ることができた一人です。〝ともこさん〟の住んでいる地域は、中学受験をする小学生が多い場所でした。そのため、〝ともこさん〟の親御さまは「子どもの将来のために」と、中学受験することを決意したようです。親御さまの意志で中学受験を始めるご家庭は少なくありません。

その弊害なのかもしれません。〝ともこさん〟は、中学受験を他人事にとらえている様子でした。〝みのるくん〟と同じく「お母さんがやれというからやっている」という気持ちが、なかなか抜けなかったのです。最初の頃は、授業中にほとんど質問をしませんでしたし、こちらから質問しても返事が返ってくることはありませんでした。もともと、恥ずかしがり屋の性格であったことも大きかったと思います。

そんなある日、〝ともこさん〟と個人面談をする機会がありました。そこで私は「将来の夢とかあるのかな？」と聞きました。すると、〝ともこさん〟は、言葉を絞り出すように「親には言っていないのですが……　実は、アイドルになりたいと思っているんです」と打ち明けてくれました。ご両親にも、誰にも伝えていない、〝ともこさん〟が密かに温めてきた〝夢〟です。

私は「三者面談で、お母さんに自分の想いを伝えようよ。もしかしたら、応援してくれるかもしれないよ」と伝えました。〝ともこさん〟は少し戸惑いながらも、小さくうなずきました。

それから数日後、お母さんも交えた三者面談の日を迎えました。〝ともこさん〟はとても緊張した面持ちです。お母さんにも言えなかった自分の夢を伝えなければならないからです。しかし、〝ともこさん〟は迷うことなく、自分の夢を打ち明けました。

とても教育熱心なお母さんでしたから、最初は驚いた様子でしたし、納得のいかないような表情をされていました。思いもよらない告白だったのでしょうね。しかし、最終的には「〝ともこ〟がやりたいことだったら、応援するしかないね」とおっしゃっていました。
私はすぐさま、芸能活動ができる私立中学校をピックアップし、〝ともこさん〟とお母さんに提示しました。
三者面談の日を境に、少しずつ、でも確実に、〝ともこさん〟は変化していきました。志望校に合格したいという気持ちに火が点いたのでしょう。授業中に自分の考えを発言するようになったのです。

中学受験を通じて、自己表現する大切さを学んだ〝ともこさん〟。しっかり芸能活動ができる志望校への合格を果たしました。現在は、学業と両立しながら、夢だったアイドルとして活躍されています。

〝ともこさん〟の様子を見たら、「内気な子」というレッテルを貼る人がいるかもしれません。しかし、それは、〝ともこさん〟の一側面でしかありません。内気だったり、無口な子ほど、胸の内に自分の考えを秘めていたり、将来についてすごく考えていたりするものです。ただ単に、自己表現することへの恥ずかしさが勝って、口をつぐんでしまうだけなのです。そのことに教育者側が気づいてあげることが大切だと、私は考えています。

〝ともこさん〟に限りません。どんな子も、多かれ少なかれ、自分の内に秘めた熱い想いを隠し持っています。我々がするべきなのは、子どもが目的を見失いそうになったときに「なんのために中学受験をしようって思ったんだっけ?」と聞くことです。たった一言の声かけだったとしても、自分の心の声に耳を澄まし、内省し、夢について見つめなおす機会が得られます。〝ともこさん〟は、自分の心と真正面から向き合いました。そして、自己表現することの大切さにも気づき、才能を開花することができました。

●まとめ
中学受験には心の火が〝点火する瞬間〟が必ずある

◆必要なのは「出る杭」を伸ばす教育

思えば、私の社会人人生は、〝塾一色〟でした。これまで、30年以上、塾業界に携わってきました。ひたすら野球のボールを追いかけ続けていた小学生時代の私がタイムスリップして、今の私を見たら、目を丸くするでしょう。本当に人生、わからないものですね。

最初の接点は大学入学直後です。ヘアサロンを経営していた母親から「家庭教師を探しているお客様がいるんだけど」と相談を受けたことです。その相談を聞いて、家庭教師のアルバイトとして、中学3年生の男の子を教えることになったのです。

反抗期も手伝って、ちょっとやんちゃしている男の子だったのですが、私の前では、本当に素直でまっすぐな子でした。学校の内申も成績も、みるみる上がっていきました。担任の先生から「お前、どうしたんだ?」と驚かれたと、得意そうに話をしてくれたことを覚えています。潜在能力ってこんなふうに開花していくんだと、感心しましたね。

今、改めて振り返れば、彼の本音を聞いてくれる人がいなかったのだと思います。たった一人でもいいから、彼には、本氣でぶつかり合える存在が必要でした。その存在になり、導いてあげれば、本来の実力を発揮できるものなのだと学びました。

それから、私は家庭教師のアルバイトを続けました。とてもありがたいことに、受講希望者が殺到し、一躍人気講師になることができました。この経験が原点となり、人に教えることの喜びや楽しさに目覚めたような気がします。

その後、紆余曲折を経て、大手進学塾に入社します。在職中は、国語のトップ講師として、５０００人以上の生徒たちを「難関校合格」へと導いてきました。そこで学ばせていただいた経験は、私の人生にとってかけがえのないものです。

しかし、その一方で、授業を重ねるごとに「このままでいいのだろうか？」と、喉の奥に魚の小骨が引っかかるような違和感を覚えるようになっていったのも事実です。

違和感の正体は、集団授業のなかで培われた自分の授業スタイルです。振り返ってみれば、「押しつけ」だとか「ねじ伏せ」と表現できる授業を行っていたなと思うのです。

このやり方が一番正しいんだ。私のやり方に従えば、絶対に成功するから、私の言うことを聞きなさい。

このようなメッセージを来る日も来る日も発し続けていました。とても歯がゆいことに、当時の自分は、1ミリも疑問を抱いていませんでした。

でも、今思えば、そういうやり方って、ちょっと違うんじゃないかなと思うんです。集団授業が合うお子さんもいるので、否定するつもりはありませんが、人間誰しも、凸凹《でこぼこ》があるものですよね。集団授業になじめない子もいるし、苦手な科目も、一人ひとりまったく異なります。

小さな教室で、何十人もの子どもたちに向けて一方的にメッセージを発信し続ける集団授業をして、落ちこぼれが生まれてしまうことに、何ら不思議はありません。やはり、一人ひとりに合ったカリキュラムを基本とした指導が理にかなっています。

宿題への取り組みについても同様です。子どもたちの様子を長年見てきましたが、多くの子は、苦手科目を後回しにしてしまいます。大人だって、やりたくない仕事には、目をそむけ、後回しにしてしまいますよね。人間誰しも、苦しみから逃れたいと思うものなのです。私自身だってそうです。

だからこそ、一人ひとりのお子さんに向けてカスタマイズした「宿題管理表」を用いることが、苦手克服に有効なアプローチだったりします。中学受験の場合、４科目のペーパーテストで合否が決まりますから、なおさらです。

たいそうな野望だと思うかもしれませんが、私は自分の塾で、たった一人の落ちこぼれも出したくない、出させないと本氣で思っています。そういったなかで「先生：生徒＝1：3の個別指導」がベストだという結論に至りました。早熟ではない、どこにでもいるごく普通のお子さんが、志望校に合格するには、一人ひとりの凸凹に対して、十人十色の解決策でアプローチする個別指導を行うことが大切なのです。

一人ひとり、子どもには個性がありますから、心に響く言葉も違います。やる氣を後押しする言葉かけも、一人ひとり、異なったものになります。誰もがやる氣になる魔法の言葉などというものはありません。本当に、その子、その子に応じて、やる氣に火を灯す言葉をかけ続けるしかないんですね。

誰一人として同じ人はいない。持っている才能も、一人ひとり、まったく違う。

教育事業に携わる一人の人間として、その事実とまっすぐに向き合い続けます。

●まとめ

個性の時代だからこそ「一人ひとりの凸凹に合わせた声かけ」を大切に

●最後に一言ごあいさつ

ここまで本書をお読みくださり、どうもありがとうございました。4人に1人の子どもが中学受験をする今の時代に、選ばれ続ける塾を作るために大切にしたいことをお伝えする本となりました。

世の中には、星の数ほど塾があります。コロナ禍の2020年度の学習塾・予備校市場規模は、9240億円に達したようです。塾の数だけ、塾経営者の想いもあることでしょう。

もちろん、教育には正解はありません。私の方法だって、一つの解に過ぎないだろうと思っています。あなたが、最高だと思える塾を作ってください。本書が、塾経営に興味がある方の一助になりましたら、これ以上の喜びはありません。

私が塾経営をしていて、喜びを感じるのは、お子さんやご家族の夢を応援できることに尽きます。受験の当日を迎えるまでは、限りない喜怒哀楽ドラマの連続ですが、子どもたちは一皮も二皮も向けて、ものすごい成長を遂げるんですよね。

中学受験は、1年間で3年分くらいの経験ができるものです。合格してもしなくても「これだけ頑張ったんだ」という自信は何物にも代えがたい宝物になります。子どもたちが、中学校への入学後に、ピカピカの制服姿を見せに来てくれるのですが、本当に見違えちゃうんですよ。こんなに感動し、心を揺さぶられる場面はないなと思うのです。

大きく成長を遂げた子どもの様子を見守ってきたご家族も、大きな成長を遂げられているように思います。お子さんとの関わり方について見つめなおしたり、何か新しいことにチャレンジしてみようと思ったり。新しいステージを開く親御さまが少なくありません。

そして、ご家族の夢を応援するなかで、塾オーナーの方も含め、塾に関わるすべての人が、豊かさを分けていただきます。やりがいも自己成長も喜びも、中学受験塾を通じて得られるものです。

中学受験塾は、お子さん、親御さま、先生、教室長、塾オーナーの皆が、一生もののかけがえのないギフトを授かれる場所です。塾を経営する〝幸せ〟は、ここにあるのだと、私は感じています。

最後に。本書を通じて、あなたに一番お伝えしたかったメッセージをお伝えします。
それは**「一緒に、子どもたちの人間的な成長を応援する塾を作ろう！」**ということです。

中学受験塾というと、どうしても「志望校への合格」にフォーカスが当たりがちです。
もちろん、親御さまやお子さんの願いは「志望校合格」ですから、その願いが叶えられるよう、伴走するのは絶対に不可欠なことです。
しかし、ともに学び、ともに高め合うチャンスにあふれている塾という場所が、「志望校合格」という目標達成だけに終始してしまうのは、とてももったいないことです。

競争ではなく、分かち合い。
不平不満ではなく、親や周りの人々への感謝の心。

やらされるのではなく、自分の未来や夢のために自ら行動すること。

私は、塾という事業を通じて、人間として大切にしたい心のあり方や、夢を描くことの大切さを、子どもたちにお伝えしています。目には見えないけれど、人生の礎となる豊かな学び、そして経験——それこそが、これからの日本をリードし、未来を支える子どもたちに、生きていくための勇気と翼《つばさ》を授けるものと信じております。

塾を開校したら、どのような志を立てたいですか？
あなたは、教育事業を通じて、どんな夢を叶えたいですか。

ぜひ、あなたの想いを、私に教えてください。
志をともにできる仲間たちとのワクワクする出会いを、心から楽しみにしております。

野田英夫

《読者限定・無料特典のご紹介》

この度は、『普通の小学生が「早慶 GMARCH」に合格する学習塾のつくり方』をご購入頂きまして、誠にありがとうございます。

早慶ゼロワンは、中学受験の同業他社が決して真似できない「大学付属校受験専門塾」です。

また、日々お通いの子供たちが楽しく学習し、ご家庭の皆様が笑顔で受験生活が送れるよう「ケンカしない中学受験」を標榜し、日々運営しております。

なぜ、中学受験ＦＣで、かつ大学付属校受験にターゲットを絞ったのかを著者であり、早慶ゼロワン代表の野田英夫が、スタッフとの掛け合いをしながらご紹介する『読者限定・無料特典動画』を制作致しました。

動画のご視聴をご希望される方は、以下のＱＲコードを読み込み、フォームより必要事項をご記載の上送信して下さい。

折り返し、『読者限定・無料特典動画』を送信させて頂きます。
なお、著者より不定期でイベント情報などもお送りさせて頂きます。

本特典の応募は予告なく終了することがあります。
図書館等の貸出、古書店での購入では、特典利用はできません

本特典は、野田英夫が実施します。販売書店、取扱図書館、出版社とは関係ございません。
お問い合わせは contact@altair-waseda-keio.jp までお願いいたします。

・著者ブログ　https://ameblo.jp/doctor2017/
・早慶ゼロワンＨＰ　https://soukei-zeroone.jp/
・早慶ゼロワンＬＰ　https://zeroone-lp.altair-waseda-keio.jp/
・株式会社 MIRAINO ＨＰ　https://miraino-company.jp/

野田英夫（のだ・ひでお）

受験カウンセラー。MIRAINO 教育グループ代表。大学付属校専門塾「早慶ゼロワン」代表。

4 月 19 日（ヨイジュク）を作るため東京・市ヶ谷に生まれる。学生時代から家庭教師、塾講師として教育業界に携わる。家庭教師時代から、受講待ちが出るほどの人気講師として活躍。大手進学塾（早稲田アカデミー）に専任講師として入社し、支部長を歴任。本部経営企画室にて、経営戦略に携わる。在職中はトップ講師として 5000 人以上の生徒たちを難関校合格に導く。その後、早慶中学受験専門塾「早慶道場」、「早慶ネクシア（旧 早慶維新塾）」を開校。2020 年「大学付属校受験専門塾」として「早慶ゼロワン」を開校。早慶 GMARCH 中学受験において圧倒的合格率を実現。

2022 年、大学受験のいらない医学部受験専門塾「Dr.Aiss(ドクターアイズ)」を開校。現在は、直営とフランチャイズ校で計 13 教室を運営。

mail : contact@altair-waseda-keio.jp

普通《ふつう》の小学生《しょうがくせい》が「早慶《そうけい》GMARCH」に合格《ごうかく》する学習塾《がくしゅうじゅく》のつくり方《かた》

2023 年11月 2 日　　初版発行

著　者　野　田　英　夫

発行者　和　田　智　明

発行所　株式会社　ぱ る 出 版

〒 160 - 0011　東京都新宿区若葉 1 - 9 - 16

03 (3353) 2835 ― 代表　03 (3353) 2826 ― FAX

03 (3353) 3679 ― 編集

振替　東京　00100 - 3 - 131586

印刷・製本　中央精版印刷(株)

ISBN978-4-8272-1403-1　C0034